AF495208

JARDINS

ET

PARCS PUBLICS

HISTOIRE GÉNÉRALE DES JARDINS
LES MAITRES DE L'ÉCOLE MODERNE ET LEURS PRINCIPALES CRÉATIONS
LE STYLE PAYSAGER
EXPOSÉ DE SES PRINCIPES ET SON APPLICATION

PAR

EUG. DENY

Architecte-Paysagiste; Officier du Mérite agricole
Président du Comité de l'Art des Jardins à la Société nationale d'Horticulture
de France.

PARIS
IMPRIMERIE ALCAN-LÉVY
24, RUE CHAUCHAT, 24

1893

JARDINS

ET

PARCS PUBLICS

JARDINS

ET

PARCS PUBLICS

HISTOIRE GÉNÉRALE DES JARDINS
LES MAITRES DE L'ÉCOLE MODERNE ET LEURS PRINCIPALES CRÉATIONS
LE STYLE PAYSAGER
EXPOSÉ DE SES PRINCIPES ET SON APPLICATION

PAR

EUG. DENY

Architecte-Paysagiste; Officier du Mérite agricole
Président du Comité de l'Art des Jardins à la Société nationale d'Horticulture de France.

PARIS
IMPRIMERIE ALCAN-LÉVY
24, RUE CHAUCHAT, 24

1893

A Monsieur Develle

MINISTRE DES AFFAIRES ÉTRANGÈRES, ANCIEN MINISTRE DE L'AGRICULTURE.

Monsieur le Ministre,

En vous dédiant ces quelques pages, je crois faire acte de gratitude au souvenir de votre dévouement à la cause horticole, qui a depuis si longtemps conquis toutes vos sympathies.

La place d'honneur que vous avez occupée au Ministère de l'Agriculture m'impose un devoir bien cher : l'hommage respectueux de cette étude.

Puisse-t-elle remplir le but que je me suis proposé, c'est-à-dire développer le goût des parcs publics et concourir par là à l'œuvre philanthropique de nos Maîtres respectés !

Eugène DENY.

Août 1893.

AVANT-PROPOS

Nous n'avons pas la prétention, dans ce travail relativement restreint, d'offrir, à ceux que la question intéresse, un traité complet et technique de l'art des jardins ; peut-être serons-nous amené à le faire plus tard dans un ouvrage de plus longue haleine.

Malgré cela, nous avons puisé aux sources les plus autorisées les annales de l'histoire des jardins que nous présentons aujourd'hui.

Notre exposé, divisé en trois parties, comprendra plusieurs périodes que nous étudierons avec soin.

La première partie embrassera les jardins dans l'antiquité, les deux grandes époques du moyen âge et de la Renaissance.

La deuxième partie passera en revue les jardins paysagers en France et en Europe, les jardins publics et scientifiques, en présentant et en analysant les grandes transformations de la ville de Paris, ses bois, ses parcs et ses promenades et se terminera par l'Ecole moderne des architectes-paysagistes, ses maîtres et ses créations.

La troisième partie nous démontrera l'utilité incontestable des parcs et jardins publics, au point de vue hygiénique, philanthropique et humanitaire. Ces promenades publiques s'imposent aujourd'hui aux villes vraiment soucieuses du bien-être de leurs habitants.

Enfin, nous soumettrons une étude et un projet sur le parc public de Soissons présenté comme type de l'art des jardins modernes, et nous terminerons par quelques considérations sur la question financière de l'entreprise.

Comme l'architecture monumentale, l'horticulture décorative, qui en est le corollaire, a eu ses écrivains spéciaux, ses primitifs, ses classiques, ses admirateurs tant en France qu'à l'étranger, qu'on nous permette même de dire ses enthousiastes en présence des sommes dépensées et des difficultés vaincues. D'abord peu nombreux, ils sont aujourd'hui devenus légion, sanctionnant ainsi le succès d'une nouvelle école : celle des architectes-paysagistes, qui, en s'inspirant toujours de la question d'art, en l'alliant à la nature par des combinaisons multiples, basées sur des principes bien établis, arrivent à créer des effets merveilleux, d'une riante tonalité et d'une harmonie savante, surprenant pour ainsi dire la nature dans ses plus belles manifestations.

Paris, il faut bien le reconnaître, a donné le grand essor par la création de ses jardins publics, par les Bois de Boulogne et de Vincennes, par ses squares, l'agencement pittoresque de ses promenades et de ses parcs, en un mot, par toute cette surprenante transformation dont ont bénéficié tous les quartiers de la capitale, et qui lui donnent cet aspect enchanteur, cette physionomie gaie, si difficiles à rencontrer dans certaines grandes villes.

L'impulsion une fois donnée, les municipalités ont suivi le mouvement, en ne reculant pas devant certains sacrifices pour le bien-être général des habitants, les embellissements des villes au double point de vue de l'hygiène et de la gaité.

Le jardin public bien agencé, intelligemment étudié et savamment organisé d'après les principes de l'art moderne des jardins, avec les mille ressources qu'offre de nos jours l'horticulture décorative, n'est-il pas la promenade indiquée du pauvre et du riche, où bourgeois et rentiers se livrent à leurs petites discussions journalières, où les jeunes enfants viennent prendre leurs joyeux ébats, où toutes les classes de la société peuvent bénéficier du bon air en se délassant.

Notre but sera atteint et nous croirons avoir accompli une œuvre utile en publiant cette étude, si nous avons persuadé aux intéressés que la création d'un grand jardin public est toujours un véritable bienfait pour une population.

PREMIÈRE PARTIE

LES JARDINS DANS L'ANTIQUITÉ

Le groupement des végétaux utiles, la naissance, pour ainsi dire, du jardin, les premières tentatives d'horticulture remontent à la plus haute antiquité et les premiers âges ont fourni à certains écrivains d'intéressantes descriptions sur l'histoire des jardins antiques.

Le premier agencement des jardins se conforma à toutes les phases de la civilisation, suivant les milieux dans lesquels elle se développait, opérant, suivant les époques, une marche progressive ou rétrograde : c'est la destinée commune de toutes les productions de la haute antiquité.

Il faut remonter plus de 4,000 ans avant Jésus-Christ, pour constater la première étape de l'art des jardins, peu progressif jusqu'au règne de Louis XIV, qui marque l'avènement de la grande époque classique de Le Nôtre; c'est une date dans l'histoire de l'art des jardins français, qui donna naissance à de belles et nombreuses créations dues à l'inspiration de ce dessinateur de génie.

Plus tard, au milieu du XVIIIe siècle, Dufresny inaugura le genre des jardins paysagers, que l'Angleterre s'empressa d'adopter, pendant que la France, dans tout le domaine artistique, subissait un arrêt forcé, imposé par les événements politiques de la fin du siècle. Il faut arriver en 1855 pour constater de sérieux progrès, dus au développement de l'instruction, et aux ressources de l'horticulture.

Nous examinerons maintenant les divers types de jardins chez les différents peuples et leur histoire jusqu'à nos jours.

RÉSUMÉ HISTORIQUE DES JARDINS
DANS L'ANTIQUITÉ

C'est dans l'Extrême-Orient qu'il faut aller chercher l'origine des jardins. Malgré la civilisation très avancée de ces peuples, le style oriental est mal défini et n'est que très imparfaitement connu.

Ce n'est que vers l'an 400 avant Jésus-Christ que le philosophe Meng-Tseu nous décrit les jardins irréguliers, parmi ceux-ci, le parc de Wen-Wang qui avait sept lieues de circonférence. Cent ans plus tard, le souverain Chi-Hang-Ti réunit, dans un parc de trente lieues de tour, les reproductions des palais qu'il avait détruits; on ne comptait pas là moins de trois mille espèces de fleurs ou d'arbres, une ménagerie, une volière et une grande collection de poissons.

Enfin, pour terminer cette description orientale, cent ans avant Jésus-Christ, le conquérant Wou-ti avait un parc de cinquante lieues de tour, plein de palais, de grottes, de kiosques et d'animaux. C'était, comme on le voit, l'idéal du genre, à cette époque reculée.

Si de l'Extrême-Orient nous passons à l'Egypte, formée en partie des alluvions du Nil, la forme caractéristique des jardins était régulière; on y chercherait en vain un mouvement de sol. Ce mode régulier se mariait très heureusement avec les obélisques, les pylones et les sphinx toujours en nombre dans les parcs dont la belle disposition des fleurs en parterres de mosaïque exposait des versets du Coran. Ces jardins, de forme généralement carrée, étaient clôturés par des palissades en bois, bordés presque toujours d'un côté par le Nil où l'un de ses canaux; le canal était séparé de la palissade par une rangée d'arbres. C'est de ce côté qu'était l'entrée et une double ligne de palmiers ombrageait une vaste allée, tout autour du jardin. Au centre, une tonnelle était disposée en treille et les espaces disponibles étaient occupés par des carrés d'arbres, des fleurs et des pièces d'eau peuplées d'oiseaux aquatiques. Quelquefois, un petit pavillon à jour formait un lieu de repos ombragé, et, dans le fond du jardin, on plaçait un kiosque composé, au dire de Champollion Figeac, de plusieurs chambres; la première était fermée et éclairée par des balcons à balustrade, les trois autres étaient à jour et renfermaient l'eau, les fruits et les offrandes.

Le jardin de Choubrah, au Caire, présente encore de nos jours une certaine analogie avec ces anciens jardins égyptiens. Un enclos spécial était toujours réservé aux palmiers, il en était de même pour la vigne et les plantes potagères ; ces dernières, auxquelles on réservait le plus d'espace, recevaient des soins tout particuliers. Les arbres forestiers étaient quelquefois mariés aux arbres d'ornement, la vigne, disposée en tonnelles, serpentait le long des treillages de bois, l'art décoratif, même à cette époque très reculée, avait déjà ses adeptes et la végétation des autres essences, palmiers, figuiers, grenadiers, jujubiers, amandiers, était toujours favorisée par une exposition bien comprise. Les plantes ornementales, myrte, acanthe, chrysanthème, lotus, papyrus, rosier ou violette, égayaient les jardins par la diversité de leurs couleurs.

Les Egyptiens avaient un véritable culte pour l'horticulture ; Athénée, l'auteur du *Banquet des sophistes*, raconte qu'on y trouvait des fleurs en toute saison et que des guirlandes de fleurs de papyrus servaient à l'ornementation des appartements. Les peuples tributaires devaient envoyer chaque année les graines et les végétaux les plus rares de leur pays.

Nous dirons maintenant quelques mots des jardins des Hébreux. Tres amoureux de la nature, ce peuple de pasteurs et d'agriculteurs ignorait pour ainsi dire les jardins d'agrément. Le roi Salomon (1.000 ans avant Jésus-Christ) semble faire exception par son jardin où étaient cultivés tous les végétaux connus à cette époque, et surtout, comme dans tout l'Orient, une grande quantité de plantes aromatiques. Avec le jardin des oliviers, qui n'était guère autre chose qu'une plantation naturelle, telles sont les seules traces de jardins cités dans l'Écriture. En résumé, le peuple juif nous offre une période bien peu florissante au point de vue artistique qui nous intéresse particulièrement.

Comme contraste, les jardins suspendus de Babylone ont été décrits par les historiens les plus autorisés : Diodore de Sicile, Quinte-Curce et Strabon leur ont consacré d'admirables descriptions. Les renseignements que nous possédons sur cette période sont bien contradictoires ; les uns parlent des jardins de Sémiramis, d'autres les font remonter à un roi syrien, Bin Cirari III (809-780 av. J.-C.), qui en fit établir un pour plaire à sa femme Sammouramis, qui désirait un jardin lui rappelant l'une des luxuriantes contrées de la Médée, son pays natal. Ces jardins étaient carrés, les terrasses superposées s'élevaient en amphithéâtre. Ces terrasses, communiquant entre elles par des escaliers, étaient soutenues par des voûtes construites l'une sur l'autre ; une muraille de 7 mètres d'épaisseur consolidait le tout. Les voûtes étaient recouvertes d'une couche de bitume, de deux rangées de briques et, enfin, de lames de plomb destinées à recevoir un lit de terre suffisamment épais pour entretenir les racines des arbres, arbustes et fleurs qui ornaient ces vastes terre-pleins. Des pompes hydrauliques puisaient dans l'Euphrate, et assuraient ainsi le service de l'irrigation. L'histoire rapporte qu'Alexandre, seize siècles plus tard, y admira des arbres atteignant une hauteur de 15 mètres. La chose est possible, mais l'existence de ces terrasses est seule attestée par les nombreux voyageurs qui ont vu ces fondations. Aucun document sérieux sur la forme et les dimensions exactes ne peut servir de base à la reconstitution de ces jardins.

Parlons maintenant des Perses qui ont toujours manifesté une préférence marquée pour les jardins ; leurs historiens nous l'ont prouvé dans quelques descriptions. Strabon cite un jardin sur la rivière Oronte, ayant neuf milles de circonférence. Gibbon en donne même la description : des centaines de ruisseaux s'échappent des collines, au milieu des cyprès et des lauriers, ils serpéntent dans les gazons et entretiennent sur tout leur parcours une agréable fraîcheur.

Xénophon et Diodore de Sicile nous parlent aussi des jardins des rois perses, auxquels ils ont donné les premiers le nom de *paradis* ; on y trouvait des arbres fruitiers et d'ornement. L'un d'eux, dans l'île Pauched, au temps d'Alexandre (300 ans avant l'ère chrétienne), avec ses sources, ses bocages, ses arbres, ses fleurs, ses fruits et ses gazons, présentait un coup d'œil vraiment féerique.

Pline, en parlant des jardins, nous les présente sous une forme régulière. Les arbres (platanes et ormes) sont alignés, ombragent et coopèrent à la décoration avec quelques fleurs au bord des allées, des pavillons de repos, des fontaines et des volières.

Les Perses inspirèrent les Grecs dans la composition de leurs jardins. Il faut constater chez eux une première étape vers l'art décoratif ; n'y a-t-il pas toujours une corrélation évidente entre le degré de civilisation et les conceptions artistiques ? Les Grecs étaient à leur époque ce qu'on appelle aujourd'hui des hommes de progrès.

Homère, dans son impérissable *Odyssée*, nous fait la description du verger d'Alcinoüs ; c'est le plus ancien document du jardin grec. Il était entouré d'une haie et renfermait des arbres fruitiers (poires, grenades, pommes, figues et olives). Un potager, à l'extrémité de l'enclos, offrait toute l'année des légumes variés. Comme on le voit, les Grecs n'étaient pas des retardataires, puisqu'ils avaient déjà le jardin fruitier et potager.

La villa de Saërte présentait à peu près les dispositions précédentes. Il faut en conclure que le côté pratique, dans leurs jardins, l'emportait sur le côté artistique.

Homère nous représente, en décrivant la grotte de Calypso, une magnifique scène qui pourrait servir de modèle à nos jardiniers les plus avancés.

Selon Plutarque, on doit à Cimon les embellissements de la ville d'Athènes; la place publique fut entourée par de belles allées de platanes, et l'emplacement inculte de l'Académie devint un beau parc, ornementé des plus belles essences et arrosé de plusieurs fontaines.

Les jardins de l'Archipel peuvent être cités comme les plus belles créations de cette époque. Le sol était plus accidenté, corrigeant ainsi la régularité des enclos, qui comprenaient différentes espèces d'arbres fruitiers, des pins, des platanes, des cypres et des lauriers. Les roses, les glaïeuls, les lis et les jacinthes formaient une délicieuse mosaïque. Une source arrosait le parterre, et un temple, au milieu du parc, élevé en l'honneur d'une divinité, était couvert de vignes.

Longus, dans ses pastorales (*Daphnis et Chloé*), nous peint bien cette luxuriante végétation, au milieu du gracieux bêlement des brebis rassemblées par le son du flageolet de leurs pasteurs.

Les Romains imitèrent les Grecs; si l'horticulture romaine primitive nous est inconnue, nous savons que, comme eux, ils aimaient les bois sacrés arrosés d'eaux vives et décorés de statues. Dans les faubourgs furent établis des jardins publics et particuliers; tout homme riche avait son jardin. De délicieuses retraites s'élevèrent dans la magnifique campagne de Rome.

La Campanie, le Latium, nous offrent les plus beaux spécimens de villas et de jardins; ceux de Lucullus, de Pompée, de Salluste, de César et de Néron furent longtemps célèbres. Plutarque mettait en parallèle ceux de Lucullus avec les plus somptueux jardins impériaux: des canaux y entretenaient la fraîcheur; un canal spécial y apportait l'eau de la mer; partout apparaissaient de magnifiques statues. Le règne du marbre était à son apogée. Lucullus possédait aussi, à Tusculum, des villas de plaisance, qui offraient un splendide panorama.

Comme les Parisiens, comme les Anglais de nos jours, les grands de Rome avaient leur ville de prédilection, c'était *Tusculum* où Cicéron écrivit ses *Tusculanes*, dans un important domaine: des jardins, la vue s'étendait sur la ville, la vallée d'Albe, le mont Albany et la mer. Sa villa d'Arpinum, lieu de sa naissance, se présentait sous d'autres aspects, c'était pour ainsi dire le type du parc paysager : il se plaît à en décrire les rustiques beautés, parlant des collines qui l'entourent et des ruisseaux qui coulent au milieu des gazons. Ce n'est pas d'ailleurs un fait isolé, et nous pouvons supposer que les jardins naturels étaient connus des anciens. Juvénal, en amoureux de la nature, condamne la véritable débauche de sculpture et d'architecture dans l'ornementation des jardins, et préfère les ruisseaux et les prés. Tacite rapporte que Tléron se fit dessiner des jardins où l'ornementation sculpturale cédait la place à des lacs, à des espaces ouverts à la vue. C'est une victoire de l'art sur une nature ingrate (*Annales* lib. XV.)

Ces jardins contrastaient singulièrement avec ceux des villas de Varron, à Casinum, et de l'empereur Adrien qui réunit une collection considérable de monuments et de statues, qu'il groupa dans la villa qui porte son nom (*Villa Adriana*), entre Rome et Tibur.

Le site était délicieux, avec de grandes échappées portant la vue sur Rome, la mer et les montagnes environnantes ; mais l'architecture s'imposait toujours, et l'art des jardins était pour ainsi dire annihilé par une profusion de sculpture incomparable. Près de là, Horace, le chantre des bois et des fleurs, possédait une petite maison de campagne ; c'est là qu'il écrivit, au milieu du bien-être, ses vers où il chante les oiseaux, les douces fontaines, les bergers et les troupeaux.

L'art des jardins, dans l'antiquité romaine, eut cependant ses adeptes, malgré l'indécision du style et l'élasticité des lignes de la composition des jardins. Seulement, les Romains n'y apportèrent point cette note d'art, cette supériorité marquée qui caractérisent leurs autres productions.

La villa de Toscane de Pline, au pied des Apennins, nous offre le plus beau spécimen de parc de cette époque ; il se plaît à nous la décrire élogieusement, vante ses charmes et rend justice à l'art qui a présidé à la formation du jardin.

Le terrain est disposé en un immense amphithéâtre naturel ; formant une vaste plaine environnée de montagnes, couvertes de hautes et anciennes futaies. Le long du coteau se trouvent des pièces de vignes, bordées par quantités d'arbrisseaux ; elles semblent se confondre et n'en former qu'une seule. Puis viennent des prairies et des terres labourables ; les prés, émaillés de fleurs, fournissent du trèfle et d'autres sortes d'herbes toujours aussi tendres et aussi pleines de sucs que lorsqu'elles viennent de naître. Ils doivent cette heureuse fertilité aux ruisseaux intarissables qui les arrosent. Ce n'est plus une campagne ordinaire, c'est tout un paysage dessiné d'après un modèle idéal, tant les yeux, de quelque côté qu'ils se tournent, subissent le charme par l'heureuse disposition et la variété des objets.

Devant le portique, on voit un parterre dont les différentes figures sont tracées avec du buis. Puis vient une pelouse en pente douce, autour de laquelle le buis dessine des figures d'animaux symétriquement opposées. Dans la partie plane règne l'acanthe, si douce aux pieds qu'on croirait fouler la rosée.

Au delà, la vue n'est pas moins séduite par les beautés naturelles d'une prairie qu'elle était charmée jusqu'ici par les surprises de l'art ; au loin, des champs, d'autres prés et des arbrisseaux. Devant les bâtiments, agréables et bien disposés, est un vaste manège ; il est ouvert par le milieu et s'offre tout entier à la vue de ceux qui entrent. Il est entouré de platanes revêtus de lierres, aussi le haut de ces arbres est-il vert par son propre feuillage et le bas, d'un feuillage étranger.

Ce lierre serpente autour du tronc, des branches s'étendant d'un plateau à l'autre les relient ensemble. Entre ces platanes sont des buis extérieurement bordés par des lauriers qui mêlent leur ombrage à celui des platanes. L'allée du manège est droite jusqu'au bout, où elle se courbe en hémicycle et change de figure ; l'ombre alors devient plus dense, plus noire et plus profonde sous un couvert de cyprès qui l'environnent.

Par opposition, les allées circulaires, qui sont en grand nombre dans l'intérieur, sont éclairées du jour le plus vif. Les roses y naissent de tous côtés, et les rayons du soleil y corrigent agréablement la fraicheur des ombrages.

Après plusieurs détours, on rentre dans l'allée rectiligne qui, des deux côtés, correspond à plusieurs autres, séparées par des buis. Là, une prairie ; ici, le buis lui-même est taillé en mille figures différentes, quelquefois en lettres qui forment le nom du maître, ou celui des jardiniers. Dans la bordure alternent de petites bornes et des arbres fruitiers ; la simple campagne, importée dans l'œuvre symétrique de l'art, semble tout à coup se réveiller. Une double rangée de platanes occupe le milieu ; à ces derniers succèdent la flexible acanthe et plusieurs figures et noms en buis. En différents autres endroits sont disposés des sièges de marbre pour reposer de la lassitude (Pline, lib. V, litt. 6).

Comme nous l'avons déjà constaté, l'art des jardins, chez les Romains, n'a pas suivi la marche progressive d'une civilisation avancée. Tout, chez eux, était sacrifié au luxe, qui ne cédait jamais la place aux belles manifestations de la nature. Leurs conquêtes en Orient ne permirent pas à l'art des jardins de se développer, il exige nécessairement un milieu plus calme ; leurs importations furent peu nombreuses.

A part le pêcher et le cerisier, rapportés d'Asie par Lucullus, leurs cultures se bornaient à celles de la rose, des jacinthes, des lis, des cyclamens, des bleuets, de la vigne, du laurier, du myrte, de l'acanthe et du buis.

Puis vint leur décadence, engendrée fatalement par l'exagération systématique de leur architecture, de leur sculpture, de leur mosaïque; la période des ornements sans grâce avait vécu. L'invasion des Barbares saccagea ces magnifiques villas des grands de Rome, dont les vestiges nous ont révélé toutes les richesses.

Tout disparaissait avec la chute de l'empire romain, c'est la période agonisante de l'art des jardins, son développement n'était plus permis pendant les guerres incessantes qui bouleversèrent l'Europe pendant des siècles. Il devait néanmoins renaître de ses cendres, se transformer, et, par une vitalité nouvelle, gagner les sommets de l'art où nous trouvons le style classique sous le règne de Louis XIV.

LES JARDINS

Depuis la Chute de l'Empire romain jusqu'à la Renaissance — Jardins Classiques

---

LES JARDINS EN FRANCE

Après la chute de l'empire romain, Byzance marche à la tête des arts et de la civilisation, les empereurs byzantins peuplèrent leurs immenses jardins de toutes les merveilles de l'art oriental. Le règne de Constantin VII nous montre ce luxe dans tout son épanouissement ; lui-même a donné de son palais et de ses jardins une description détaillée permettant une reconstitution de l'ensemble : il est regrettable qu'il ne parle pas du paysage véritablement enchanteur du Bosphore et de la côte d'Asie, qui devait leur servir de cadre et qui est encore de nos jours une merveille pour les yeux : les mauvaises traditions romaines y sont pastichées, et l'art des jardins reste inévitablement stationnaire.

L'Occident suivit la tradition romaine : les chefs mérovingiens partageaient leur vie entre des maisons de plaisance telles que Compiegne et les Thermes de Julien. L'utilité semble dominer l'art dans des vergers sans aucune préoccupation du style.

Sur l'emplacement actuel de Saint-Germain des Prés, les jardins de Constance Chlore, qui ne renfermaient que des arbres fruitiers et quelques fleurs, offraient l'un des types les plus en vogue de cette époque.

Charlemagne se faisait servir à sa table de beaux fruits : son capitulaire *De villis*, spécial à l'Administration domestique des domaines et à la vente des légumes, nous initie au nombre et à l'espèce des plantes qui devaient figurer dans ses jardins : c'est le règne en quelque sorte des plantes officinales et des légumes, le verger utile remplace le jardin d'agrément, c'est à peine si nous trouvons quelques plantes ornementales, les roses, le lis, le romarin, le glaïeul et le pavot, dont bénéficiait également l'officine.

Sa maison de campagne de Uieder Ingelheim, sur les bords du Rhin, si l'on excepte la décoration, n'offre rien d'intéressant au point de vue du jardin d'agrément.

Au moyen âge, les monastères étaient toujours entourés de jardins d'une certaine étendue; ils étaient principalement destinés à la culture des fruits et des légumes; une partie était réservée aux plantes officinales, et c'est ce groupe qui nous fournira quelques plantes ornementales.

Au XIIIe siècle, Paris possédait quelques courtils ou jardins champêtres : c'était la promenade classique des bourgeois, des templiers et des religieux de Saint-Martin.

Le faubourg du Temple était à ce moment le centre des courtils; l'historien Sauval nous cite les plus fréquentés ; le courtil du Temple, le courtil Barbette et le courtil Saint-Martin, qui, de 1230 à 1278, servit de jardin de récréation aux religieux de l'ordre.

Parmi les jardins des domaines royaux, il faut citer ceux de l'hôtel d'Alençon créés par Enguerrand de Marigny, qui fut pendu au gibet de Montfaucon entre la Villette et les Buttes-Chaumont (1315); ceux de l'hôtel des Tournelles à Isabelle de Bavière avec des préaux, des galeries et des labyrinthes. Charles V, le Sage, en collaboration avec un religieux, célèbre arboriculteur de l'époque, se passionne pour ses jardins. Ceux de l'hôtel du Val, qui lui appartenait, étaient ornementés de fleurs en plates-bandes et en bordures. Le romarin, la sauge, les roses, les lis, les giroflées, nous représentent les espèces cultivées.

La forme de ces jardins était carrée, des haies les clôturaient et des treilles étaient disposées en tonnelles ou en grands pavillons.

Sauval, nous raconte que Charles V fit semer tous ses jardins de violiers, courges, romarins, marjolaines, sauge, giroflicrs, fraisiers, lavande, rosiers, etc., et que Charles VI y fit planter 300 gerbes de rosiers blancs et rouges, 375 gonais de marels, 300 oignons de lis, 300 de flambe, etc.

A cette époque existait déjà le jardin du Louvre, revêtu de treilles dans tout son ensemble; c'était un jardin légumier, enrichi de treilles, de rosiers, de pavillons, de préaux et de tonnelles.

La composition des jardins joue un rôle plus que modeste, surtout en France, pendant toute la période du moyen âge ; on avait bien la vénération des fleurs, mais aucun principe ne présidait à une belle disposition.

Pendant la féodalité, les guerres continuelles retenant les seigneurs dans leurs châteaux forts, entravaient forcément le développement des jardins; quelques arbres sur les remparts pour donner de l'ombre, quelques fleurs et quelques légumes pour les besoins domestiques : tel était le bilan de cette période tourmentée.

Vers la fin du moyen âge apparut enfin un novateur, René, duc d'Anjou, plus connu sous le nom de Roi René, qui dessina un parc aux environs d'Angers, il y introduisit quelques plantes nouvelles citées par Bourdigné.

Il y avait au château d'Angers un grand et un petit jardin ; le grand peut se comparer à nos jardins anglais modernes ; des gazons, des allées soigneusement entretenues et des *roues*, c'est-à-dire des corbeilles ou parterres ronds, bordés de *clisses* de bois. Ces deux jardins étaient ornés de treilles « en charpenterie, bien ouvrées, belles et bien faites ».

Ce ne fut pas la seule création du roi René. M. Leroy de la Marche, à la monographie duquel nous empruntons ces détails, nous apprend qu'à Beaujeu, il fit reconstruire un château et que quatre jardins acquis de plusieurs particuliers y furent annexés et transformés : des fleurs, des oiseaux et un labyrinthe étaient les principaux motifs d'ornementation. Aux ponts de Cé, il créa encore, en 1454, un grand et un petit jardin où l'on voyait des préaux, des tonnelles, des pavillons, des arbres fruitiers, des plantes variées, notamment des rosiers. Mais sa prédilection se portait surtout sur ses jardins d'Aix ; il faut peut-être l'attribuer au climat plus favorable ou au meilleur rendement du terrain. Les essais de culture y réussirent mieux, et c'est sans doute là qu'il multiplia les œillets, les roses, les muscadets dont on lui attribue la propagation. Il acheta, dit-on, pour plus de 3.000 florins de terrains qu'il transforma en jardins ; il y fit élever un pavillon avec salles et chambres et abandonna sa Bastide pour y demeurer.

Beaucoup de ses lettres, datées du jardin d'Aix, nous montrent quelle passion il avait pour ce riant séjour. Là, suivant Bourdigné « *se mit à planter, enter arbres, édifier tonnelles, pavillons, vergiers, galeries, jardins... Entre ces louables passe-temps, usant le vieux prince ses jours, entr'oubliait et mettait arrière les causes de sa mélancolie, et dist plusieurs fois aux princes et ambassadeurs qui le venoyent visiter, qu'il aymoit la vie rurale sur toutes les autres, parce que c'estoit la plus seure façon et manière de vivre, et la plus lointaine de toute terrière ambition.* »

Le roi René, en véritable prince artiste, sans bien saisir les merveilleuses beautés du paysage, visait aux effets pittoresques dans ses créations variées.

ÉTAT DES JARDINS EN EUROPE

Au Moyen Age

LES JARDINS EN ESPAGNE

Un courant artistique semblait souffler à travers les autres nations européennes, donnant un nouvel essor à la composition des jardins.

Dès le VIIIe siècle, les Maures, après avoir envahi l'Espagne, y avaient introduit les sciences et les arts de l'Orient. L'art mauresque était à son apogée; le dessin, la peinture et la sculpture ornementaient les palais et les mosquées; ils tiraient un bon parti des eaux, et les travaux hydrauliques qu'ils entreprirent dans la péninsule leur permirent d'y établir des jardins.

Chaque palais avait ses cours garnies de fleurs et de verdure; des bassins et des fontaines y entretenaient une fraîcheur régulière. Au dehors, de grands jardins étaient plantés de myrtes, de lauriers; les sycomores, les orangers, les grenadiers et les palmiers ombrageaient de belles allées soigneusement entretenues.

On cite parmi les plus célèbres ceux de l'Alhambra (ou plus correctement l'Alhâmra) de Grenade, créés par Mohammed-Abn-el-Hamer (1270), qui y collectionna un grand nombre de plantes rares.

Cet alcazar des Maures, dit M. Lucien Mardot, dans une charmante description de ces palais, embrasse de ses fortifications, de ses jardins et de ses édifices tout le plateau de la plus haute des trois collines appelées Sierra-del-Sol, au pied desquelles Grenade est étendue; l'un des sommets parallèles est coupé par le généralife (al dyneah alarzf) ou jardin agréable, un autre palais avec d'autres jardins, espèce de maison de plaisance des rois maures, qui n'était séparée de leur Alhâmra que par un vaste et profond ravin plein de verdure, d'ombre et de fraîcheur.

La porte franchie, on croit arriver aux jardins suspendus de Babylone; car, sur ces sommets où l'on ne trouve en Espagne que des crêtes pelées, rocailleuses et stériles, apparaît tout à coup une végétation magnifique et si robuste que les fleurs sont des arbrisseaux et les broussailles des futaies. Cette merveille de richesses végétales de la plaine, transportée sur la montagne, est due à une autre merveille : des eaux vives et limpides jaillissent et courent de toutes parts ; à chaque allée coulent des ruisseaux, où, trempant leurs pieds pressés, les arbres entretiennent une éternelle fraîcheur. Le cours de ces ruisseaux était naturel, les rois maures ayant fait établir, sur un sommet plus haut encore que la Sierra-del-Sol, un immense réservoir alimenté par la fonte des neiges qui couronnent les sommets de la Sierra Nevada. De cette façon, plus la chaleur était forte, plus l'eau coulait abondamment. Des jardins de l'Alhambra et du généralife, l'œil embrasse un horizon sans bornes ; c'est une perspective magnifique de bosquets, de jardins, de prés et de moissons d'où se détachent çà et là de petits villages parsemés dans la campagne.

Grâce à ces créations, les Espagnols donnèrent un certain essor à l'art des jardins ; les palais étaient agrémentés de jardins, avec pièces d'eau et fontaines. Séville eut aussi son alcazar, véritable pépinière d'orangers.

Un peu avant cette époque, les Maures avaient déjà créé les jardins de la Ziza à Parlerme, dont les traces étaient encore apparentes au XVIe siècle, ainsi qu'un parc de deux milles de circuit situé près de là.

LES JARDINS EN ANGLETERRE

Après avoir cité quelques parcs anglais, nous terminerons là l'exposé des jardins en Europe avant la Renaissance ; la composition des jardins semble sommeiller sur le continent.

Au XIIe siècle, le parc de Woodstok, sous Henri Ier, et quelques jardins particuliers des habitants de Londres cités par Pitzstephen méritent une mention spéciale ; plus tard, au XIVe siècle, le manoir de Mendham, dans le Suffolk, et les jardins de Windsor, de Wreschill-Castle et de Morli doivent être également cités.

C'était le type des jardins français du moyen âge avec leur médiocrité négative ; les Anglais en étaient en quelque sorte les pasticheurs. Ils bénéficièrent, comme nous le verrons plus tard, de la renaissance des arts en France, c'est l'époque qu'il faut attendre pour constater un progrès.

LES JARDINS MEXICAINS

Franchissons l'Océan pour admirer, dans le nouveau continent, de beaux spécimens de jardins. Christophe Colomb, après sa découverte de l'Amérique, trouva, chez les indigènes, quelques jardins utiles. Cortez, en pénétrant au Mexique chez les Aztèques, fut frappé du degré de leur civilisation.

Les jardins, qui ont complètement disparu, enthousiasmèrent les conquérants, mais leur présence annihila complètement plusieurs siècles de civilisation (1).

Sahaguen nous apprend que Quetzalcohnalt, roi Tollèque, fit de grands embellissements dans la ville de Tollan, dont il fit sa capitale. Les historiens de Yucatan nous montrent que les premiers rois de cet Etat avaient élevé dans les villes de Zayo, Uxmal, de superbes palais entourés de jardins disposés en terrasses successives et ornés de verdure et de fleurs. Des statues les décoraient, les places possédaient des bassins ombragés de bananiers et de palmiers et une suite de jardins réunissait la capitale (Uxmal) aux villes voisines, où les grandes familles avaient des demeures rivalisant de luxe avec celles du monarque.

Suivant Torquemada, l'histoire de la fondation de Mexico nous est inconnue. Les Mexicains, attaqués à l'improviste, furent obligés de s'enfuir et traversèrent le lac pour gagner Itzapalapan. Là, leur établissement sur le rivage offrit de grandes difficultés; ils coupèrent, sur l'ordre de leurs chefs, une grande quantité de bambous et de roseaux, qui leur permirent de construire des radeaux sur lesquels ils édifièrent une hutte qui leur servit d'abri; cette cité lacustre reçut le nom d'Atatzintillan. Le succès aidant, leurs besoins les obligeant à s'agrandir, ils construisirent de nouveaux radeaux qu'ils recouvrirent de la vase du lac, puis, dans ce sol, ils semèrent des légumes et des plantes nutritives, qui poussèrent, grâce à une humidité tout à fait exceptionnelle, avec une surprenante facilité.

Telle est l'origine des *chinampas* qui sillonnaient encore le lac à l'arrivée de Cortez à Mexico, on les voit encore aujourd'hui. Le souverain Uezahualtcoyat fut le créateur de nombreux jardins dont les plus célèbres

---

(1) Labbé, brasseur de Bourbourg. (*Histoire des nations civilisées du Mexique.*)

furent ceux d'Acatelolco, de Tepetzinco et de Tetcotzinco. Quelques traces de ces derniers subsistent encore actuellement.

La résidence de Tetcotzinco était campée sur une montagne, elle était rendue accessible par des marches taillées dans le rocher. Au sommet de la montagne, un grand réservoir de pierre recevait les eaux qu'un aqueduc apportait de plusieurs rivières ; l'eau, distribuée par une canalisation bien comprise, retombait en cascades dans de grands bassins creusés dans des grottes qui ornaient le jardin. Des portiques et des statues complétaient la décoration de ce jardin ombragé par de magnifiques plantations de cèdres et de cyprès disposées en labyrinthe.

La symétrie, commune à tous les peuples dans le dessin de leurs jardins, semble aussi avoir été la caractéristique des jardins mexicains. Les progres des plantes réunies par les souverains sont intéressants à étudier ; les arbres fruitiers et résineux qu'ils acclimatèrent donnaient, grâce à la flore merveilleuse de l'Amérique, le plus riant aspect à leurs jardins. Aussi les Espagnols sont-ils émerveillés, dans leurs écrits, du savant agencement de leurs plantes ornementales. Les jardins d'Itzapalapan et de Huetecpon sont à mentionner. Le premier était divisé en carrés réguliers par des allées bordées de treillages, dans lesquels s'entrelaçaient des plantes grimpantes ; il était approvisionné, par tout le royaume, d'arbres à fruits et à fleurs et de plantes aromatiques.

Celui de Huetecpon est peut-être le plus célèbre : Il avait six milles de circonférence, et était traversé par une belle rivière. Les arbres, les plantes, les fleurs présentaient la collection la plus précieuse du Mexique, s'enrichissant tous les jours des produits végétaux les plus rares. Les Espagnols conservèrent longtemps ce splendide domaine ; c'est là que l'on cultivait les plantes médicinales nécessaires à l'approvisionnement de l'hôpital que fonda le célèbre anachorète Gregoris Lopez.

Lors de la conquête espagnole, Mexico comptait environ 300.000 habitants. Les maisons, régulièrement bâties, étaient ornées de fleurs et d'arbustes odoriférants, une cour entourée de portiques en formait le centre ; on y voyait des bassins, des fontaines, des jets d'eau et des jardins où l'on descendait par des escaliers ornés de statues. Les rues, pavées de larges dalles de pierres recouvertes d'un ciment fort dur, étaient soigneusement entretenues ; dans les faubourgs, les jardins se multipliaient autour des maisons, les uns sur les îlots du marécage, les autres sur des chinampas qui avaient fini par s'ancrer au fond. Près de l'embarcadère du lac de Tetzcuco, une levée solidement construite était plantée d'arbres sur une longueur d'environ 3 lieues et sur 30 pieds de large; ses belles allées offraient une promenade magnifique aux habitants de toutes les classes. Enfin les jardins du souverain Mocteuczuma s'étendaient sur le coteau de Chapultépec; vastes et bien agencés, ils renfermaient toutes les espèces connues à cette époque des végétaux et arbustes odoriférants qui croissent dans ces riches contrées. C'était l'apogée du règne des plantes médicinales, l'étude des propriétés des plantes n'a jamais été poussée aussi loin que chez les anciens Mexicains.

Des massifs toujours verts de palmiers et de cèdres ombrageaient les plates-bandes de fleurs arrosées par des canaux souterrains qui déversaient de l'aqueduc de Chapultépec dans des bassins de marbre et de porphyre.

Moctenczuma avait proscrit les arbres fruitiers comme indignes de figurer à côté des essences ornementales qu'il y avait réunies. Ce seul fait démontre l'importance qu'il attachait aux riches collections végétales. En un mot, dans cette Amérique tropicale et équatoriale où les éléments naturels se rencontraient à chaque pas, l'art décoratif semble avoir été poussé jusqu'à ses dernières limites, surtout si l'on considère l'isolement complet dans lequel avaient vécu jusqu'alors les Mexicains avant la découverte de Colomb.

LES JARDINS CHINOIS DU MOYEN AGE

Quittons maintenant le nouveau-monde pour retrouver dans l'Extrême-Orient les premiers jardins irréguliers. Leur supériorité sur tous les autres types déjà présentés est bien marquée, malheureusement leur composition indique des recherches exagérées, la nature disparaît forcément devant un tel effort dans leur création. Bien que nous y trouvions, comme pour bien d'autres choses, le genre qui fut le point de départ de nos beaux jardins paysagers, il faut regretter de n'y point retrouver la grandeur des perspectives que nous avons admirée chez les Maures et dans les jardins de Mexico.

Peu de progrès avaient été accomplis depuis l'antiquité, la seule description qui nous reste est celle des jardins de Sé-ma-Kouang, ministre de Chine, et littérateur habile du XVIe siècle. Leur description peut paraître emphatique ; néanmoins nous en citerons quelques passages qui peuvent donner une idée assez exacte des goûts des Chinois pour l'horticulture. La traduction de l'œuvre de Watelgt nous donne cette lettre que nous reproduisons.

« Que d'autres bâtissent des palais, dit-il, pour enfermer leurs chagrins et étaler leur vanité, je me suis fait une solitude pour amuser mes loisirs et causer avec mes amis ; puis il donne une description détaillée du jardin : au milieu, une grande bibliothèque où il avait réuni, dit-on, 5.000 volumes ; puis une salle au milieu des eaux d'un lac formé par un petit ruisseau qui se divise ensuite en cinq branches. Ces branches forment des cascades successives ; l'une d'elles est surmontée d'un rocher qui porte un pavillon ouvert, destiné à prendre le frais, et à voir les rubis dont l'aurore couronne le soleil à son lever. Puis une galerie bordée de rosiers et de grenadiers ; une île dont les rives sont couvertes de coquillages et de cailloux de couleurs diverses. De beaux gazons émaillés de fleurs, de frais ombrages, complètent la composition de ce jardin. »

« Que cette solitude est charmante, dit-il, en terminant : la vaste nappe d'eau qu'elle présente est toute semée de petites îles de roseaux. Les plus grandes sont des volières remplies de toutes sortes d'oiseaux. On va aisément des unes aux autres par d'énormes cailloux qui sortent de l'eau et par de petits ponts de pierre et de bois distribués au hasard. Quand les nénuphars, dont les bords de l'étang sont plantés, donnent leurs fleurs, ils paraissent couronnés de pourpre et d'écarlate, comme l'horizon des mers du Midi quand le soleil y descend..... »

En résumé, les Chinois furent des novateurs, amoureux d'un style bizarre, recherchant, dans des effets heurtés, à pasticher la nature.

LES JARDINS DE LA RENAISSANCE EN ITALIE

La villa Lanti, à Bagnia, petit village à trois milles de Viterbe, appartenant aux évêques de Viterbe, fut commencée (en 1477) par Raffaelo-Sansoni-Riaro ; le cardinal Francesco Gambora l'acheva et le pape Alexandre VII la céda plus tard à la famille Lanti qui la possède encore. Elle s'élève en amphithéâtre sur la pente d'une montagne boisée qui semble faire partie des jardins ; de jolies fontaines, des jets d'eau et des bassins avec des surprises hydrauliques en formaient la principale décoration.

La villa Médicis est dans l'intérieur de Rome. Elle a remplacé la montagne qui portait autrefois le nom de *collis hortulorum*, montagne des jardins. Sa situation est par cela très agréable; elle fait face au Vatican et domine toute la ville et la campagne.

Elle fut commencée vers le milieu du XVIe siècle par Gio Ricci da Monte Pulciano, que le pape Jules II avait nommé cardinal en 1551; le cardinal Ferdinand de Médicis l'acheta et l'enrichit encore de précieuses antiquités.

La villa Mattei fut commencée en 1581 et achevée en 1586 par Cyriarque Mattei, d'après les dessins de Giacoma del Duco, architecte sicilien; elle a gardé le nom de l'artiste qui l'a créée; elle s'élève sur l'emplacement de l'ancien Mont Cœlius. Les jardins, plantés sur le penchant de la colline, faisaient face au mont Aventin

C'est sur ce mont que se retira la plèbe romaine pendant sa révolte contre l'oligarchie patricienne. On envoya aux mécontents Menenius Agrippa, patricien d'origine plébéienne, qui les ramena à l'obéissance en leur racontant l'apologue des *membres* et l'*estomac*; mais revenons aux jardins, depuis longtemps abandonnés, qui furent un moment célèbres par leur magnificence. Le père Montfaucon (*Diarium Italicum*) ne tarit pas d'éloges sur une allée garnie de tombeaux que l'on y voyait.

La villa Aldobrandini, située sur la montagne de Frascati, fut bâtie en 1598 par le cardinal Pierre Aldobrandini. C'est là qu'étaient les jardins de Lucullus et, à côté, l'antique Tusculum de Cicéron.

Les jardins, comme presque tous ceux de l'époque, s'élèvent en amphithéâtre jusqu'au sommet de la montagne; ils sont ornés de fontaines, jets d'eau, etc. Trois avenues ombragées entourent les parterres et conduisent à la première terrasse qui les domine ainsi que les bosquets environnants. On y remarquait de magnifiques effets hydrauliques, une cascade gigantesque d'où l'eau tombait dans des vases de formes différentes donnant naissance à un grand nombre de chutes variées. Un orgue hydraulique y existe encore. Des salles fraîches pratiquées sous les terrasses, ornées de mosaïques et de peintures, complétaient la riche décoration de ces jardins.

La villa Farnesiana fut bâtie sur le mont Palatinus par le cardinal Alexandre Farnèse. Malheureusement, elle ne fut pas terminée. C'est un escalier qui conduit à une terrasse sur laquelle on avait projeté un palais et des jardins.

La villa Negroni ou Montalto, dans l'intérieur de Rome, fut commencée par Sixte-Quint vers 1570. Les jardins offraient le même style que les précédents.

FONTANA E PIAZZA DELL AQVILA NEL GIARDINO DEL SIGNOR DVCA MATTEI

La villa Sachetti, au cardinal Jules Sachetti, fut bâtie en 1626, d'après les dessins de Piètre de Cortone.

La villa Borghèse est encore actuellement la promenade la plus en vogue des habitants de Rome.

La propriété entière a environ quatre milles de tour; occupée d'abord par le duc Altempo, elle fut considérablement augmentée vers 1605 par Domenico Caffarelli qui prit le nom de Borghèse quand Paul V, son oncle, lui donna le chapeau de cardinal. Les jardins, créés par Domenico Rainaldi, ont inspiré à Henri Taine, dans son voyage en Italie, une charmante description.

La villa Barberini occupe une partie de l'emplacement des jardins de Néron ; elle fut bâtie en 1626 par Don Taddéo Barberini, d'après les dessins des architectes Luigi Arruguœi et Domenico Castelli ; ses jardins s'élèvent en amphithéâtre jusqu'au sommet de la montagne.

La villa Pamphili ou di Bel Respiro, située sur l'ancienne voie Aurelia, fut bâtie en 1644, sur l'emplacement des jardins de l'empereur Galla. Ce fut le cardinal Don Camillo Pamphilo qui la fit construire, sur les dessins d'Alessandro Algardi. Les jardins, du style régulier, sont pittoresques, on y sent la main d'un maître ; leur composition est attribuée par François Mizilia au célèbre Le Nôtre.

La villa Albani date de 1766, elle fut édifiée par le cardinal Alexandre Albani, sur les dessins de Carlo Marchioni. Antonio Nolli en dessina les jardins. Le cardinal-artiste avait réuni, dans sa maison de campagne, un grand nombre de statues, vases, bas-reliefs, colonnes et fragments antiques provenant des fouilles qu'il faisait opérer dans ses domaines. Le genre franco-italien y dominait avec tous ses excès, stigmatisant, dans un luxe criard, les plus mauvaises périodes de la décadence romaine. La villa Adriana, pour citer un exemple, dont nous avons déjà parlé dans l'histoire des jardins chez les Romains, nous ramène aux appréciations de Henri Taine sur cette époque.

Là, dit-il, aucune liberté n'est laissée à la nature ; tout est factice. L'eau ne s'élance qu'en jets et en panaches. Les pelouses sont enfermées dans d'énormes haies de buis plus hautes qu'un homme, épaisses comme des murailles et formant des triangles dont toutes les pointes aboutissent à un angle. On monte d'un jardin à l'autre par de larges escaliers de pierre comme ceux de Versailles ; les plates-bandes de fleurs sont enfermées dans de petits cadres de buis, elles forment des dessins et ressemblent à des tapis. De superbes chênes, des allées de platanes et de cyprès, des aloès dressent contre la paroi blanche des murailles leur tige étrange. Au dehors, un pêle-mêle de constructions s'étagent sur les coteaux voisins, mais tout cela forme un paysage de convention.

On sent, dit Taine, que les paysages savamment choisis et disposés donnaient aux esprits de cette époque la même sensation qu'un appartement haut, solidement bâti et bien décoré.

Il ajoute cette phrase caractéristique : cela leur suffisait ; ils n'avaient pas de conversation avec un arbre.

L'ORIGINE
DES SERRES ET DES JARDINS BOTANIQUES

Au milieu de nos descriptions et de nos appréciations, cette époque nous montre les premières serres et les premiers jardins botaniques ; c'est une date à enregistrer dans l'histoire des jardins.

Garcia d'Aorta (1463) nous donne la première classification des plantes ; elle fut bientôt répandue par la traduction latine de Ch. Lecluse.

Entre 1485 et 1520 parut le *Grand Herbier en françoys*, d'un anonyme, contenant les qualitez, vertus et proprietez des herbes, arbres, gommes et semences, extraict de plusieurs traictez de medecine, come de Auincene, de Rasis, de Constantin, de Isaac et de Platairc, selon le commun usage. C'est un bouquin rarissime qui a fait autorité.

En 1530, un jardin fut établi en Allemagne pour l'étude botanique des diverses écoles. D'autres furent créés à Padoue, en 1546, et à Rome, en 1548. Nous assistons à une marche progressive, et bientôt l'Italie (1560) compte plus de cinquante créations similaires.

Il faut arriver, en France, à l'année 1596 pour constater à Montpellier le premier spécimen de jardin botanique ; le jardin royal, qui est le Museum actuel d'histoire naturelle, ne date que du XVIIe siècle.

C'est aux Pays-Bas que nous sommes redevables des premières serres pour la culture des plantes exotiques, au milieu du XVIe siècle ; de là, elles s'implantèrent en Allemagne, en France, puis en Angleterre.

Actuellement, leur mode de construction a bien changé, mais leur but est identique ; le chauffage à l'eau chaude, employé chez les anciens, est encore le chauffage classique actuel.

LES JARDINS DE LA RENAISSANCE
EN FRANCE

La grande poussée artistique de la Renaissance eut une influence marquée sur l'art des jardins ; c'est le commencement d'une ère nouvelle, c'est la naissance d'une époque caractérisée par de merveilleuses créations. Avec l'abaissement de la féodalité, l'unification du territoire, l'affermissement du pouvoir monarchique, la sécurité croissante et le bien-être relatif, les remparts tombent et les fossés se comblent ; aux murs d'enceinte sont préférées les vues sur la campagne, où l'air, la lumière et les vastes perspectives sont autant de beautés et de bien-être encore inconnus ; l'art y prend forcément un nouvel essor. C'est une époque de résurrection artistique et de progrès dont bénéficieront les règnes suivants.

François Ier, en artiste raffiné, se passionna pour les jardins. Il fit créer ceux de Chambord, de Fontainebleau et de Saint-Germain-en-Laye.

Chambord, bien que rappelant le manoir féodal, reçut l'empreinte de la renaissance de l'art français, et fut donné, en 1821, au duc de Bordeaux, plus tard comte de Chambord.

Le parc, d'une contenance de 7.500 hectares, destiné à la chasse, fut planté des plus belles essences d'arbres. Henri II lui fit aussi des embellissements remarqués.

Fontainebleau, qui représente la naturalisation de l'art italien, semble avoir été le lieu de prédilection de François Ier ; des allées symétriques, des viviers, des volières, des statues ou autres objets sculptés en marbre, ou coulés en bronze, sont l'ornementation du parc planté de cyprès, d'ifs, de buis taillé, de pins, de petits berceaux et de parterres.

Au jardin des Pins (aujourd'hui jardin anglais), on cite une grotte et une fontaine (la fontaine Bleau, complètement disparue) : c'était là que se baignaient les dames de la cour; une pièce d'eau de quatre hectares, entourée de pierres et de ciment, fut peuplée des fameuses carpes qui, s'il faut en croire la légende, vivent encore aujourd'hui. Ce parc se distinguait tout particulièrement par l'abondance des eaux, la division du parterre, agrémenté d'un canal bordé d'arbres, une partie s'étendant devant les bâtiments du château en une terrasse élevée joignant la chapelle au grand chambellan; elle formait douze carrés entourés d'ifs. L'autre partie, reliée à la première par un pont, contenait quatre subdivisions formant des carrés destinés aux jeux de balles et de barres.

Sous les règnes suivants, ce parc subit des remaniements et des embellissements successifs. L'ingénieur Francini, sous Henri IV, agrandit le jardin des Buis et construisit deux galeries parallèles qui furent incendiées et furent remplacées par une orangerie sous Louis XIII. Ce dernier y fit construire un immense réservoir et creuser un canal de 1,200 mètres de

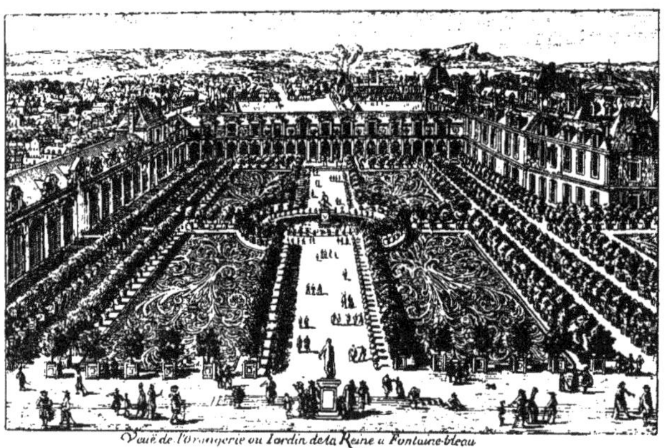
Vuë de l'Orangerie ou Jardin de la Reine a Fontainebleau

long sur 39 de large. Enfin, Le Nôtre, sous Louis XIV, embellit le parterre et le jardin des Pins.

La création du magnifique parc anglais est due à l'architecte Heurtaut, sous Napoléon Ier ; ce parc, terminé en 1812, comptait les plus beaux spécimens d'arbres connus : platanes, sycomores, sophoras, catalpas, tulipiers, et pins de la Louisiane; comme on le voit, l'Amérique était mise à contribution.

Le jardin de l'orangerie fut également agrandi sous Louis-Philippe.

Avec Fontainebleau, François Ier appréciait aussi Saint-Germain-en-Laye. Site enchanteur, situation exceptionnelle, fertilité du sol, proximité de Paris, tout semblait appeler une résidence royale. Le roi le comprit et les jardins de Chambord et de Fontainebleau furent égalés sans compter. Plus tard, Henri IV les fit complètement remanier par Francini ; il y étaya des jardins suspendus descendant de la colline au fleuve ; sur les terrasses, soutenues par des murs, se trouvaient des grottes, des fontaines et d'autres rocailles.

Autre transformation de Le Nôtre sous Louis XIV ; les terrasses furent réunies en une seule, avec de vastes perrons ; les allées, les parterres, les bassins et les jets d'eau furent modifiés, multipliés ou embellis. Enfin, comme dernier remaniement, Louis XV leur donna l'aspect actuel qui créa la réputation de cette merveilleuse terrasse qui nous émotionne encore aujourd'hui.

Il faut encore mentionner, sous François Ier, l'embellissement des châteaux de Villers-Cotterets, Blois, Madrid et quelques manoirs, Montargis, Chenonceaux, et Azay-le-Rideau.

ANET — LES TUILERIES LE COURS-LA-REINE — LE LUXEMBOURG RICHELIEU

Le château d'Anet, dans le département de l'Eure, fut donné à Diane de Poitiers par Henri II, et embelli d'après le style de la Renaissance. Les bâtiments comprenaient une cour d'honneur et deux cours latérales sur la largeur desquelles s'étendait un vaste parterre, divisé en compartiments ; là, se trouvaient alors des plantes à fleurs, rafraîchies par deux fontaines jaillissantes. Au delà des fossés s'étendaient deux parcs de plus de 24 hectares ; le premier, du nom de Parc aux Cerfs pour la chasse ; le second, pour les volières, les viviers et une belle orangerie.

Les plans du jardin des Tuileries furent dessinés par Philibert Delorme qui mourut en 1570. Androuet du Cerceau eut l'honneur de continuer les travaux pour Catherine de Médicis. Ce jardin, conçu dans le goût italien, fut orné de plates-bandes historiées et brodées, et de végétaux en usage; il ne faut pas oublier un labyrinthe, rendez-vous des amoureux. Sauval nous laisse à penser sur cette retraite d'un genre spécial. *Si ces cyprès pouvaient parler, dit-il, ils nous apprendraient de jolies aventures qu'on ne sait pas.* Ce jardin, appelé jardin du Palais de la Reine, fut agrandi sous Henri V, et l'intendance en fut confiée à André Mollet, que nous étudierons plus loin.

Le Cours-la-Reine, planté par Marie de Médicis, en 1616, ne devint public que quelques années plus tard. La reine avait conçu le projet d'agrandir les Tuileries par une vaste avenue plantée d'arbres et ornée de fleurs, mais son exil l'en empêcha ; l'emplacement qu'elle rêvait subit des remaniements complets et devint les Champs-Elysées.

Si Marie de Médicis ne réussit pas à prolonger le jardin des Tuileries, elle put néanmoins faire construire un palais plus conforme à ses goûts, et plus commode que le Louvre et les Tuileries, c'est le Luxembourg.

En 1613, les jardins furent dessinés et les plantations commencèrent. Dans ces jardins, beaucoup plus spacieux que ceux actuels, furent créées deux terrasses plantées d'ifs et de buis taillés ; des balustrades, des fontaines et un parterre, où des plates-bandes de fleurs entouraient un vaste bassin au centre duquel s'élevait un groupe coulé en plomb. Ajoutons à cela une splendide fontaine appelée Grotte de Marie de Médicis, elle représentait une nymphe tenant une urne, d'où l'eau tombait dans un bassin demi-circulaire. Rappelons pour mémoire que les eaux vinrent d'Arcueil, et imposèrent la construction d'un aqueduc de 390 mètres de longueur ; celui-ci ne fut achevé qu'en 1624.

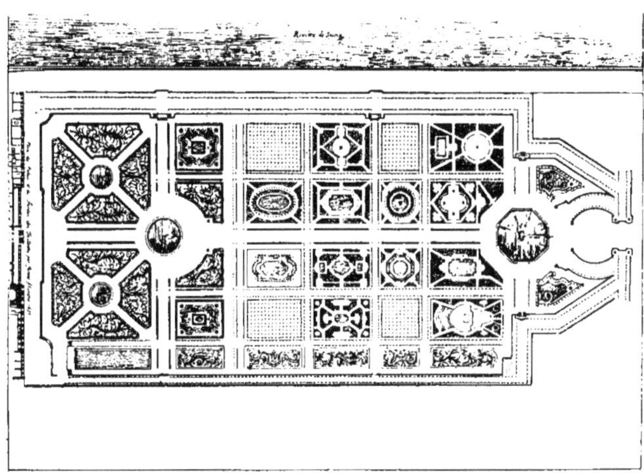

A ce moment, des créations du même genre furent également appliquées par Richelieu, qui fit construire un château avec jardins, au village qui porte son nom. Les jardins furent entourés de fossés, et divisés en quatre parterres symétriques. Au delà des fossés furent également exécutés des travaux pour l'établissement de longues allées droites, de pièces d'eau, de potagers, de vergers et de massifs de verdure ; des statues, des vases et des colonnes coopéraient à l'ornementation. Malheureusement, toutes ces merveilles disparurent avec leur créateur.

LES MAITRES EN FRANCE

PENDANT LA RENAISSANCE

Après Ch. de Lécluse ou Clusius, le savant botaniste, il faut ajouter les noms de Mollet, Bernard Palissy et Olivier de Serres. L'art des jardins, dans cette époque transitive du moyen âge à la Renaissance (à la fin du xve siècle) ne se transforma pas, mais il se perfectionna, par la généralisation du goût, par de nouveaux principes qui lui ouvrirent de nouveaux horizons. Ces innovateurs, qui dotèrent l'horticulture et l'art des jardins des éléments qui furent le point de départ de nos progrès jusqu'au xviiie siècle, demandent à être présentés.

Mollet, jardinier en chef du duc d'Aumale, à Anet, développa un goût tout particulier pour la réunion et l'acclimatation des plantes exotiques ; il avait une habileté spéciale pour les recommander à l'attention, et pour faire valoir leurs mérites.

Son fils, Claude Mollet, le dépassa et fut un précurseur de Le Nôtre ; il créa les parterres à broderie et sut faire remarquer son talent et son goût dans les plantations qui lui furent confiées à Fontainebleau et à Saint-Germain-en-Laye. Il est l'auteur d'un ouvrage intitulé : *Le Théâtre des plans et jardinage*, publié en 1652, et traduit plus tard à Londres et à Stockholm.

Claude Mollet eut trois fils qui devinrent ses collaborateurs et ses élèves ; l'aîné lui succéda dans la charge d'intendant des jardins de Louis XIII, mais il passa bientôt au service de Jacques Ier d'Angleterre, et fut remplacé par Jacques Boyceau de la Baraudière, l'auteur d'un livre intitulé : *Traité du jardinage selon les raisons de la nature*.

André Mollet dessina quelques plans pour l'ouvrage de son père, et fut l'auteur du *Jardin de plaisir*.

Bernard Palissy, un autre maître, dans son génie encyclopédique, dans le choix d'un style, semble préférer une nature accidentée où l'eau, les rochers, les grands arbres, la verdure, sont les principaux acteurs ; il condamne les surfaces planes, et semble disgracier le genre classique encore à l'état naissant. En 1580, il nous donnait sa longue description du *Jardin délectable*.

Olivier de Serres, le célèbre agronome, dans son ouvrage, *Théâtre de l'agriculture et ménage des champs*, étudie l'état des sciences horticoles de cette époque On y trouve les procédés en usage des cultures potagères, fruitières, etc. ; la description des jardins du temps, les compositions de leurs diverses parties, et la richesse botanique, c'est-à-dire les végétaux connus et cultivés.

LES JARDINS FRANÇAIS

ANDRÉ LE NOTRE

Le nom seul d'André Le Nôtre représente toute une époque dans l'histoire de l'art des jardins ; ce fut un grand dessinateur de parcs et de jardins, s'il ne fut point un novateur dans toute l'acception du mot ; et il faut lui rendre cette justice, malgré ses détracteurs, qu'il voyait grand. Il a bien su comprendre, dans son cerveau d'artiste, que les merveilles architecturales de son époque nécessitaient inévitablement une révolution complète dans l'art des jardins.

Il naquit à Paris en 1613 et mourut en 1700. Il vit son œuvre couronnée de succès tant en France qu'à l'étranger, et put jouir pendant sa vie d'une réputation bien méritée. En dehors de ses conceptions géniales, ce fut un beau caractère, aimé et estimé de tous, en un mot, une grande figure qu'il faut étudier avec soin. Quelques détails biographiques nous le feront encore mieux connaître. Après avoir passé par l'atelier du peintre Simon Vouet, il renonça bientôt à la peinture pour l'horticulture qui devait le consacrer maître. L'emploi de son père, surintendant des jardins de Louis XIV, le prédestinait à sa nouvelle carrière ; son apprentissage fut rapide. Après quelques heureux essais en France, le roi l'encouragea et le prit en amitié ; il fit plusieurs voyages à l'étranger, notamment en Italie, où il fut mandé par le Pape, et où il créa les villas Pamphili et Ludovisi. Pendant son voyage à Rome, où il s'était lié avec le Bernin, il ne put s'empêcher, en audience du Pape Innocent XI, de lui parler longuement du parc de Versailles, dont il lui montra les plans en détail, exécutant des croquis sous ses yeux. Le Saint-Père l'écouta avec intérêt, à ce point que Le Nôtre, enthousiasmé, ne put s'empêcher de s'écrier avec la naïveté qu'il avait conservée.

— Ah ! Saint-Père, je n'ai plus rien à désirer, j'ai vu les deux plus grands hommes du monde, Votre Sainteté et le Roi mon maître !

C'était bien parler pour un jardinier ; aussi le Pape, pour ne point être de reste avec lui, répondit :

— Il y a une grande différence entre le Roi et moi ; je suis un pauvre prêtre, serviteur des serviteurs de Dieu.

— Ah bah ! reprit Le Nôtre, vous vous portez bien et vous enterrerez le sacré collège ! Et il ne put s'empêcher d'embrasser le Pape. Le Nôtre était si fier de cette réception qu'il l'écrivit à Bontemps, le premier des quatre valets de chambre du roi et gouverneur de Versailles et Marly. Le duc de Crequi, entendant ce récit en présence du roi, ne voulut pas croire à l'embrassade.

— Ne gagez pas, dit Louis XIV, quand je reviens de campagne, Le Nôtre m'embrasse, il a bien pu embrasser le Pape !

Mais revenons à notre sujet. Lors de l'apparition de Le Nôtre, l'art des jardins, encore indécis, cherchant sa voie, réclamait un législateur, ce grand architecte des jardins semblait indiqué pour combler cette lacune en empruntant au style des jardins de la Renaissance, sans toutefois créer un genre nouveau. Sous son impulsion, avec une justesse de coup d'œil extraordinaire, le jardin classique se transforma par des conceptions beaucoup plus larges ; les proportions s'agrandissent, l'art devient plus raffiné dans ses manifestations ; en un mot, ce fut un remaniement complet, aidé par la savante retouche du maître. De vastes terrasses avec des escaliers, des rampes et des balustrades, des bassins ; il sut mettre les jardins en harmonie avec les somptueux édifices, et fit naître de véritables palais de verdure au milieu de chefs-d'œuvre dont ils étaient le complément.

Les fêtes royales, les réunions aristocratiques imposaient aussi cette transformation. Les portiques, les grottes, les berceaux, les treillages, les labyrinthes furent employés dans l'ornementation de Le Nôtre, pour distraire la vue. Le XVIIIe siècle, amoureux fanatique des charmes de la nature, était réfractaire aux conceptions nouvelles, et ce maître fut même accusé d'avoir massacré la nature, dans une symétrie outrée, par l'emploi exagéré de l'équerre et du cordeau.

Quant à nous, si une critique nous est permise, il nous suffira de dire que le style par trop monotone de Le Nôtre répondait bien aux besoins de son temps, et c'est encore le seul style possible de nos jours pour les grandes fêtes, se mariant bien aux effets d'illumination, des jets d'eau et des feux d'artifice.

Le brusque changement qui s'opéra vers le XVIIIe siècle prit simplement l'empreinte de nos idées modernes et de nos mœurs démocratiques. Le jardin paysager répondait mieux aux besoins de notre société ; ne permet-il pas de composer, quelquefois sur de faibles espaces, une réduction de la nature champêtre où l'habitant des villes, quittant momentanément ses occupations, vient bénéficier de la solitude, du repos et du recueillement; beaucoup plus économique, il convient mieux aux fortunes des plus humbles, et permet de varier les aspects et de dissimuler plus facilement les exiguïtés du site; en un mot, il est plus conforme aux lois de la nature. Autres temps, autres mœurs, autres idées, autre façon de comprendre l'art.

Les créations de Le Nôtre, nombreuses en France, eurent un grand retentissement à l'étranger; il remania les Tuileries, Saint-Germain-en-Laye et Fontainebleau; il créa Vaux, d'où date sa réputation, pour l'intendant Fou-

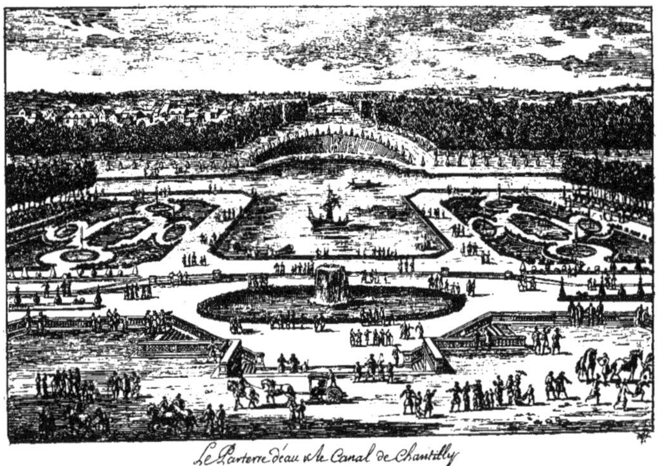

Le Parterre d'eau et le Canal de Chantilly

quet, Sceaux pour Colbert, aujourd'hui parc de Sceaux, Meudon, Chantilly pour le grand Condé appartenant aujourd'hui au duc d'Aumale, Saint-Cloud pour le duc d'Orléans, devenu depuis le parc de Saint-Cloud, Versailles pour Louis XIV, Clagny, le « palais d'Armide », de Montespan, que nous dépeint en quelques lignes Mme de Sévigné. Elle écrivait, le 7 août 1675 : « Nous fûmes à Clagny... Le bâtiment s'élève à vue d'œil, les jardins sont faits. Vous connaissez la manière de Le Nôtre; il a laissé un petit bois sombre qui fait fort bien, il y a un bois d'orangers dans de grandes caisses : on s'y promène; ce sont des allées où l'on est à l'ombre; et pour cacher les caisses, il y a des deux côtés des palissades à hauteur d'appui, toutes fleuries de tubéreuses, de roses, de jasmins, d'œillets. C'est assurément la plus belle, la plus surprenante, et la plus enchantée nouveauté qui se puisse imaginer. » Elle ajoute qu'on aimait fort ce bois, pour lequel *on* faisait acheter « les tourterelles les plus passionnées ». *On*, c'était le Roi.

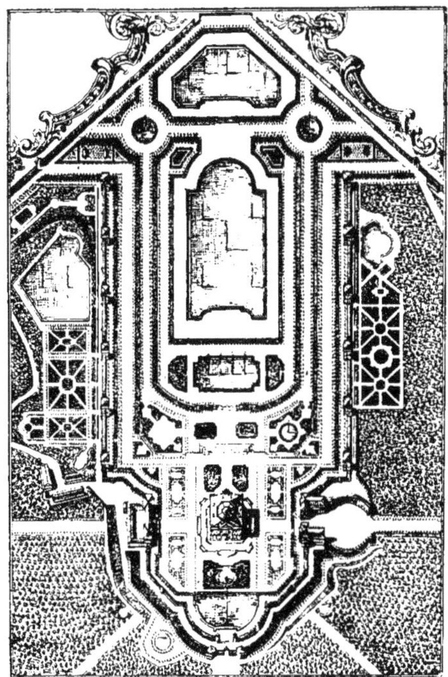

MARLY

On lui doit aussi l'Ermitage de Marly, d'un genre tout différent. Ce serait à Marly, d'après les mémoires du marquis de Sourches, que Louis XIV aurait fait promener Le Nôtre en chaise à côté de lui, un mois avant la mort du célèbre jardinier. De tous ces splendides jardins, il reste de nos jours deux bassins servant de lavoirs, quelques allées et des plantations. Il ne faut pas oublier qu'à cette époque on ne comptait que quatre parcs publics à Paris, la place Royale, les Tuileries, le Luxembourg et le jardin Royal ; aussi le siècle de le Nôtre fut-il riche en artistes et en travaux.

En 1675, Louis XIV lui ayant accordé des lettres de noblesse et l'ordre de Saint Michel, voulut lui donner des armoiries.

« Oh, Sire, fit en souriant cet homme d'esprit, j'ai mes armoiries toutes faites : trois colimaçons couronnés d'une pomme de chou et une bêche au milieu ! »

On doit aussi au Maître la promenade publique de Dijon, l'une des plus belles de France, qui existe encore aujourd'hui dans presque toute son intégrité, les parterres du jardin de Choisy-le-Roy avec son labyrinthe, la promenade de la Hotoie à Amiens, et le jardin royal de Turin.

L'élan était donné, partout Le Nôtre est imité, on lui demande des plans, et sa renommée s'accroît tous les jours.

Versailles, qu'il fit pour Louis XIV (actuellement le parc de Versailles), passe à juste titre pour son chef-d'œuvre. Les beautés de ce parc sont trop connues pour en donner la moindre description ; disons cependant qu'il sut tirer un merveilleux parti de ce terrain ingrat où il accomplit de véritables tours de force. Il eut dans ces travaux deux collaborateurs, Pierre de Francini et La Quintinie.

Pierre de Francini, petit-fils de l'ingénieur de Francini, fut mandé par Marie de Médicis pour décorer les terrasses de Saint-Germain, on lui doit la savante distribution des eaux dans le parc. La Quintinie, ancien jardinier de Condé à Chantilly, fut nommé surintendant des jardins, vergers et potagers de Louis XIV ; il fut pour la culture ce que Le Nôtre était pour l'art. Il laissa plusieurs ouvrages, notamment le traité des jardins potagers et fruitiers. Les jardins que Louis XIV lui confia, soit dit en passant, comme création et comme direction, furent commencés en 1678 pour ne finir qu'en 1683 ; mais, grâce à l'habileté de leur créateur, ils furent toujours dignes de leur titre de jardins royaux, et tout désignés pour l'établissement d'une Ecole Nationale d'Horticulture qui fut fondée en 1873.

LES JARDINS EN EUROPE

DU XVIIe AU XVIIIe SIÈCLE

L'œuvre de Le Nôtre eut son couronnement à Marly, il n'avait plus qu'à jouir d'un repos dignement acquis, et, comme nous le disions tout à l'heure, sa renommée était européenne. Ses voyages en Italie et en Angleterre, ses plans dessinés pour l'Allemagne, la Suède et l'Espagne concouraient à la célébrité de son nom.

Les successeurs de Le Nôtre furent Druzé, Desgodets, Le Blond et Dezallier d'Argenville. Ce dernier est l'auteur d'un ouvrage où il traite des principes et de la manière de Le Nôtre (1747). *La théorie et la pratique du jardinage, où l'on traite à fond des beaux jardins appelés jardins de plaisance et de propreté.*

Partout, à l'étranger, la manière de ce grand dessinateur s'implantait. L'Angleterre eut Wightham au comte d'Abingdon, Hampstead Marshall à lord Graven, dans le comté de Berks, Badminton au lord duc de Beaufort dans le comté de Glocester, etc... mais n'oublions pas que les Anglais, en adoptant le genre de Le Nôtre, ne furent que des pasticheurs inhabiles dans une interprétation mal comprise.

Les Pays-Bas furent réfractaires au style de Le Nôtre, qui leur semblait trop somptueux, mais ils donnèrent l'exemple des cultures sous verre et de l'emploi du fumier pour réchauffer le sol; les jardins des Orange et des Nassau font cependant exception : là, les terrasses, les parterres, les avenues spacieuses, les portiques, les treillages, les statues et les bassins grandioses entrèrent dans le domaine de leur décoration.

En Allemagne, en 1614, le roi de Bavière Maximilien fit construire à Munich un palais avec un immense parc créé d'après le style de la Renaissance; mais il fut transformé vers le commencement du XVIIIe siècle, et remanié d'après la manière de Le Nôtre, qui s'implantait de plus en plus chez les Allemands. C'est aïnsi que plusieurs parcs, commencés vers la fin du XVIIe siècle, furent achevés en se modernisant, dans une conception franco-anglaise, tels les beaux parcs de Nymphenbourg que Ferdinand-Marie fit commencer en 1663, et qui furent achevés sous Maximilien-Emmanuel.

On cite également plusieurs jardins que Frédéric Ier fit planter à Berlin (Charlottenbourg et Lustgarten), à Postdam, le Versailles de la Prusse, qui

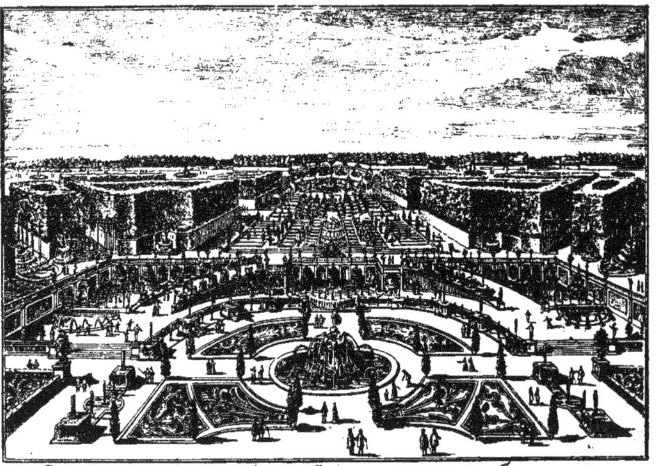

Groſser Waſserfall oder Cascate des Fürstlichen Lustgartens, welche hinder dem Irrgarten an dem Thiergarten ligen kan.

Projet de la plus grande chute d'eau ou cascade du jardin royal derrière le labyrinthe au jardin zoologique.

semble être une copie de Versailles, mais dont les eaux sont mieux distribuées.

Pour terminer l'énumération des grands jardins de cette époque, il faut encore citer la Favorite à Mayence, Landgrave à Hesse, Malgrave à Cassel, la résidence des margraves de Culmbach, dans le Wurtemberg, et surtout les jardins du prince évêque de Wurtzbourg.

S'il nous était permis d'analyser dans tous les détails la composition des jardins en Allemagne et en Angleterre, il nous serait facile de voir que les deux nations opèrent d'après le même principe : celui de Le Nôtre ; mais ce qui est frappant, c'est la manière dont chacun des deux peuples reproduit les œuvres du grand artiste.

Tandis que les Allemands s'efforçaient d'égayer leurs sites par la variété des figures et la multiplicité des ornements, les Anglais semblaient prendre à tâche de réduire ce genre à sa plus simple expression et le laissaient apparaître dans toute sa froide monotonie.

Si maintenant nous tournons les yeux du côté de l'Espagne, nous la trouvons presque stationnaire : les tentatives furent inutiles, c'est toujours le règne du style oriental importé par les Maures.

L'Italie, au contraire, est plus intéressante à étudier, elle fut le berceau du grand mouvement de la Renaissance par la création de nombreuses villas ; nous constatons une marche progressive toujours au niveau du développement de l'art français, malgré quelques conceptions, appliquées par Le Nôtre pendant son voyage dans ce pays.

Les maîtres italiens surent garder leur caractère en conformant leur style à leurs mœurs ; aussi ne faut-il pas établir de parallèle entre leurs jardins et les nôtres, à part les parterres placés devant la maison et proportionnés à l'édifice. Chez eux, les différentes parties de la composition ne sont pas liées, rien n'est sacrifié à la symétrie ; leur but est de produire des effets agréables, avec des vues nombreuses, des scènes pittoresques, en un mot un riant paysage avec de vastes perspectives.

En 1670, le comte Vitalien Barromée fit construire, dans l'île du lac Majeur, un jardin avec dix terrasses taillées dans les rochers de l'Isola-Bella. Au rez-de-chaussée du Palais se trouve une suite de grottes en rocaille et en mosaïque, et dans l'île entièrement embellie, des fontaines, des statues, des bosquets et des berceaux etc., le tout disposé sans symétrie absolue, visant à l'effet.

DEUXIÈME PARTIE

LES JARDINS PAYSAGERS

Comme conséquence forcée aux conceptions grandioses de Le Nôtre, chacun voulut avoir son petit Versailles ; et tout allait tourner au ridicule. La majesté du style de ce grand architecte de jardins ne supportait pas les emplacements restreints ; les terrasses, les jets d'eau, les statues et les charmilles n'avaient plus leur raison d'être. L'admiration se changea bientôt en dédain, les productions devinrent bizarres, d'un aspect sauvage ; si les poètes et les véritables artistes surent apprécier les beautés de la nature, ils ne furent pas toujours compris, et tout nous fait présumer qu'il y eut plutôt antipathie pour le genre de Le Nôtre qu'un goût bien arrêté et justifié pour le jardin paysager ou anglais qui commençait à naître.

La division des fortunes et des propriétés, l'abus des créations à la française, et le développement intellectuel des classes moyennes furent donc les raisons dominantes pour lesquelles le style paysager prit si rapidement la place du style de Le Nôtre vers le milieu du XVIIIe siècle.

L'honneur d'avoir introduit le style paysager, pourtant si conforme à nos mœurs, est parfois contesté ; l'Angleterre, d'après quelques auteurs, semblerait nous en avoir donné l'exemple, par la reproduction des jardins chinois et par les artistes Bridgeman et William Kent.

Le fait est contestable, attendu qu'il faut aller chercher bien loin l'analogie des jardins paysagers ou anglais avec les jardins chinois, et qu'à l'époque où William Kent commença ses premiers travaux, c'est-à-dire après son retour d'Italie, il y avait déjà plus de quarante ans qu'un Français s'était essayé dans ce même genre et qu'il avait dressé des plans pour Louis XIV, qui ne furent pas exécutés faute d'argent.

C'est donc à Dufresny que revient l'honneur de cette création, et non à William Kent.

Charles Rivière Dufresny, né à Paris en 1648, entra tout jeune, comme valet de chambre, au service de Louis XIV ; c'était un passionné pour les arts et la peinture, il admirait surtout les sites irréguliers, et se plaisait à multiplier les vues en les divisant par des obstacles qu'il se créait volontiers, afin de les surmonter; il s'efforçait alors de multiplier les scènes et de les varier le plus possible. En 1690, il fit les jardins de Mignaux, près Poissy, d'autres à Vincennes et à Paris; il dessina des plans pour Versailles, qui lui valurent le brevet de contrôleur des jardins royaux.

Si Dufresny fut le créateur de ce genre, les Anglais en furent les vulgarisateurs, grâce aux poètes Addison, Pope, William Kent et Bridgeman, son devancier, ainsi que Brown, son continuateur.

Bridgeman fut le premier en Angleterre qui réagit contre les puérilités ornementales de Londres, il dédaigna les compartiments symétriques, et ne conserva que quelques allées droites, bordées de palissades. Bridgeman fit aussi supprimer les enceintes murées, ces fortifications inutiles des jardins, et les remplaça par des fossés ; de là le besoin de tracer des vues sur l'extérieur, et de réunir le paysage naturel au paysage embelli.

William Kent, en artiste consommé, sut savamment régler l'emploi et la distribution des eaux ; il suppléa aux canaux, bassins et cascades, les ruisseaux, les rivières avec des lacs aux sinueux contours où quelques arbres dispersés répandaient leurs frais ombrages.

William Kent, qui composait un jardin comme on peint un tableau, put, en s'inspirant des descriptions d'Addison, de Pope et surtout de Milton, dans certaines descriptions du *Paradis perdu*, vulgariser un style parfaitement en harmonie avec nos idées modernes, et laisser à la Grande-Bretagne un nom presque aussi illustre que celui de Le Nôtre en France. Ce simple peintre en voitures à son début, devenu plus tard décorateur de talent, et grand dessinateur de jardins, fut surnommé, par quelques-uns, le *Le Nôtre anglais*.

Parmi les premiers travaux qui furent exécutés en Angleterre dans cette voie nouvelle, il faut citer Stowe, à lord Cobham, marquis de Buckingham, c'est un merveilleux spécimen du parc paysager, Twickenham, au poète Pope, qu'il créa d'après ses propres descriptions, d'apres les conseils de son ami Kent, et d'après la merveilleuse imagination de Milton pour les jardins.

Ce fut une conception accomplie dans sa juste interprétation de la nature, qui alla même jusqu'à inspirer plusieurs fois Kent ; ainsi Carlton House et Roustham sont des imitations de Twickenham. Citons encore Claremont, au duc de Newcastle, dans le comté de Surrey, et Kensington résidence royale dans le Middlesex.

Une grande figure comme celle de Kent exigerait une analyse beaucoup plus détaillée. Les inspirations nouvelles, l'influence marquée qu'il exerça sur le goût des hommes de son temps, ses admirateurs, tout enfin a contribué à consacrer la réputation de son nom. Le dessinateur, chez lui, l'emportait de beaucoup sur l'horticulteur, mais il faut surtout le juger comme rénovateur du goût des jardins en Angleterre.

Blenheim, parc dans le goût français, fut remanié par Brown, successeur de William Kent. Il en fut de même de Long-Leate, du beau parc de Kew, qui subirent le même sort vers la fin du XVIIIe siècle. L'Irlande et l'Ecosse suivirent naturellement le goût des jardins paysagers imprimé en Angleterre.

JARDINS PAYSAGERS EN FRANCE

AU XVIIIe SIÈCLE

Pour revenir aux jardins en France, sous Louis XIV, avec les premières créations de Dufresny, aucun tracé digne de remarque n'apparait avant 1760 ; époque à laquelle le sentiment de la nature subit l'influence philosophique ; Latapie traduit en français un ouvrage anglais publié en 1771 par Thomas Wathely (*L'art de former les jardins modernes*). Il ne faut pas confondre ce livre avec la théorie des jardins de Wathelin publiée en 1776, ce Latapie nous donne les principes des belles créations anglaises et s'occupe particulièrement de la situation du sol, du tracé, des bois, des eaux, des rochers et autres motifs décoratifs.

En 1777, R.-L. Gérardin, mestre de camp de dragons, chevalier de l'Ordre royal et militaire de Saint-Louis, vicomte d'Ermenonville, publia un opuscule (*De la composition des paysages ou des moyens d'embellir la nature autour des habitations, en joignant l'agréable à l'utile*) dans lequel il concilie ses études avec le sentiment du beau et du vrai qu'il possède au plus haut degré; il établit dans ce petit traité magistral les préceptes qui servirent de base à l'École moderne. Ce livre qui a pour devise « A happy rural feat of different views : Un séjour heureux et champêtre d'un aspect varié » (Milton, description du Paradis terrestre), fait encore autorité aujourd'hui parmi les architectes-paysagistes. C'est à partir de cette époque que l'art des jardins entre dans une nouvelle phase, et nos belles créations se multiplient à l'infini.

Parmi elles, nommons Tivoli, Auteuil, Maupertuis, Le Rainey, Limours, Montreuil, Le Petit Trianon, Monceau, Bagatelle, la Muette, la Malmaison, etc., etc.

En 1760, Ermenonville, au maréchal de camp Réné Louis Gérardin, fut transformé en un magnifique parc de 500 arpents. Le Pelletier fit commencer Mortefontaine en 1770, et y dépensa beaucoup d'argent, ainsi que son successeur le financier Durney; mais Joseph Bonaparte contribua beaucoup à l'embellissement de ce site par les fortes sommes qu'il y sacrifia.

Citons après, le Rainey, à la famille d'Orléans, dessiné par Blaikie; Limours, qui fut embelli par les soins de la comtesse de Brienne; Montreuil, à Madame Élisabeth; Saint-Leu, au prince de Condé; Argenson, Rambouillet, Compiègne, Chantilly, où un remaniement heureux vint ajouter les beautés pittoresques du style paysager à l'imposante, mais monotone disposition des jardins à la française.

Le petit Trianon, créé sous Louis XV, fut pour le grand Trianon ce que celui-ci était pour Versailles; plus tard, transformé sous Louis XVI par le paysagiste Robert, il fut planté dans un goût romanesque.

C'était, à ce qu'il paraît, le lieu de prédilection de la reine, qui y passait une partie de ses loisirs.

Les frères de Louis XVI et son cousin, le duc d'Orléans, eurent aussi leurs jardins : La Muette, au comte de Provence; Bagatelle, au comte d'Artois, et Monceau, au duc d'Orléans, sur lesquels nous reviendrons en parlant des jardins de nos jours. Enfin, pour terminer la nomenclature des grands travaux de cette époque, présentons la Malmaison, ancienne propriété de M. Lecouteulx de Canteleu, achetée par Joséphine Tascher de la Pagerie, et ornementée par ses soins.

Avant d'aborder les jardins actuels, passons un peu en revue les jardins paysagers de l'Europe.

LES JARDINS PAYSAGERS EN EUROPE

Il est juste de reconnaître que, si les premiers succès sanctionnent le style paysager en Angleterre, c'est la France qui en imprima le mouvement sur le continent. C'était l'époque où la littérature et les idées françaises dominaient tous les peuples, où les monarques nous empruntaient nos célébrités dans le domaine des lettres et des arts, pour en faire bénéficier leurs peuples ; il était naturel que si nous n'eussions pas appliqué ce style en France, aucune autre puissance ne l'aurait emprunté à l'Angleterre.

L'Italie, l'Espagne et les Pays-Bas furent réfractaires au goût anglais, mais peu à peu les jardins se développèrent en Allemagne, et Le Blond, élève de Le Nôtre, dota la Russie des principes d'un art qu'elle ignorait presque complètement.

Il créa les jardins d'été de Saint-Pétersbourg, et, non loin de là, celui de Peterhof. Ces jardins, primitivement dessinés d'après le style de Le Nôtre, furent terminés sous des idées plus modernes, et par ce fait furent composites. Tzarskoe-Selo, l'ancienne résidence favorite de Catherine II, entre Saint-Pétersbourg et Novgorod, fut composé dans ce même style mixte. En Allemagne, nous ne pouvons présenter qu'un seul nom, pour les travaux modernes, Sekell, qui joignait aux notions pratiques du jardinage les connaissances de la peinture et des beaux-arts. Frédéric II introduisit le style paysager dans les jardins de Sans-Souci et créa pour Postdam ce que Trianon était pour Versailles.

Nous terminerons là l'historique des jardins, afin d'analyser les bases de nos créations modernes, et de fixer les principes et les règles sur lesquels repose la nouvelle école. Nous verrons ensuite les jardins de nos jours et leurs auteurs.

JARDINS PUBLICS ET SCIENTIFIQUES

En France, depuis la fin du XVIIIe siècle et pendant toute la tourmente révolutionnaire, on ne constate pas de notables progrès dans le nouveau style encore à l'état embryonnaire. Le règne agonisant de la symétrie, l'avènement du paysage, en ouvrant de nouveaux horizons, avaient créé des difficultés qui ne pouvaient s'aplanir qu'en arrivant à caractériser le nouveau style, à en déduire les principes et à en prescrire les règles. Cette révolution dans l'art des jardins ne pouvait s'accomplir en un jour; chacun suivait sa manière en créant des jardins sans style, où la suppression des allées droites des parterres était le point capital. On alla jusqu'à supprimer les fleurs des jardins sous prétexte que les corbeilles contrariaient la nature, il en fut de même des massifs; par contre, les édicules, presque toujours sans but ni proportion, se multipliaient dans tous les sens. On taillait au hasard des chemins tortueux à travers les bois, les pelouses, et les fourrés; l'absence d'ornementation complétée par un dessin fantaisiste, tel fut l'état des jardins pendant un demi-siècle. Cette manière d'opérer avait bien ses détracteurs, mais leurs plaintes étaient vaines. Du reste, comment sortir de ce labyrinthe, même pour les maîtres de l'art, ignorant la nouvelle esthétique des jardins; comment asseoir un genre basé sur la liberté, et qui, au premier abord, ne semblait relever que de l'inspiration et de la fantaisie de chacun. Nulle tentative digne de remarque ne fut donc faite dans ce sens. Après la révolution apparaissent les Thouin, André et Gabriel, qui commencent à donner une note personnelle; les objets accessoires, beaucoup trop nombreux et inutiles, reçoivent un emploi mieux justifié.

André Thouin, fils de Jean-André Thouin, fut chargé en 1764 de diriger l'école botanique, où il s'occupa spécialement de l'acclimatation des plantes exotiques ; il enseigna aussi l'horticulture et la botanique au jardin et aux écoles normales. On lui doit plusieurs brochures, et grâce à lui les fleurs recommencèrent à orner les parterres. Son fils, Gabriel Thouin, botaniste fort distingué, tout en s'occupant des plantes, devint un adepte du nouveau style. Il publia en 1819 le résultat de ses travaux sous le titre : *Plans raisonnés de jardins*. Cet ouvrage fut précédé, deux ans avant, par celui de M. de Laborde, *La description des jardins de France*, dans lequel il avait réuni les principaux plans exécutés dans le genre de Mereville, en Beauce, c'était une question d'argent plutôt qu'une question d'art.

Néanmoins, l'ouvrage de Gabriel Thouin eut un légitime succès ; il sut laisser, pour la première fois, une large part aux vues, et bien combiner les scènes, en les encadrant dans une allée de ceinture. Un grand progrès était réalisé, certains défauts apparaissaient néanmoins, la multiplication exagérée des allées morcelaient la propriété en neutralisant l'effet d'ensemble; ses plantations éparses et mesquines ne donnaient pas l'effet imposant que l'on recherche dans les scènes bien comprises et les heureux contrastes qui sont la surprise et le charme de leur site.

Dans cette nouvelle voie, quelques créations, d'une importance bien secondaire, se produisirent; mais il faut arriver en 1855 pour constater des travaux nombreux et intéressants.

N'oublions pas, cependant, Joly, Duclos et les Bühler, qui furent les continuateurs des Thouin et contribuèrent à préparer la seconde Renaissance, qui se manifesta avec tant d'éclat, lors des transformations de la Ville de Paris. Bühler créa les jardins de la Tête d'Or, à Lyon.

LES TRANSFORMATIONS DE LA VILLE DE PARIS
ET SES JARDINS PUBLICS

Lors de l'avènement de Napoléon III, l'administration parisienne comprit que les embellissements projetés, ayant pour résultat forcé la suppression des jardins particuliers dans Paris, elle devait se retourner vers la création des jardins publics. C'est la période de la transformation de Paris, c'est l'entrée en scène de maîtres tels qu'Alphand, Varé et Barillet-Deschamps. Le bois de Boulogne fut commencé par Varé et continué par Alphand et Barillet-Deschamps ; après le bois de Boulogne, se succédèrent la tour Saint-Jacques, le marché des Innocents, les Arts et Métiers, le Temple, Vintimille, Sainte-Clotilde, les Champs-Elysées, Monceau, Vincennes, les Buttes-Chaumont et Montsouris.

L'élan une fois donné, les villes de province suivirent le mouvement en créant des parcs et des jardins. Lyon eut le parc de la Tête d'Or, dessiné par Bühler ; Marseille, ne se contentant plus de la Cannebière, agrémenta le château Borely, près de la plage du Prado, d'un beau parc. Rouen, Montpellier, Avignon, Lille, Tours, Angers, Caen, Nantes, Strasbourg, Troyes ne reculèrent pas devant de grands sacrifices pour avoir leurs jardins publics.

Pendant cette véritable Renaissance, les créations se multiplièrent à ce point qu'il nous suffira d'en décrire quelques-unes pour constater les progrès accomplis et présenter les maîtres, nous devrions dire les grands maîtres de notre école moderne, qui appliquèrent, avec un talent si consommé, l'art des jardins dans ses plus pures manifestations, cet art intimement lié aux lois de la nature dont il n'est que la reproduction justifiée dans son idéal beauté.

BOIS DE BOULOGNE

L'immense bois, que nous parcourons si souvent, ne nous permet pas, même par le souvenir, un retour momentané vers cette vieille forêt de Rouvray, où le roi Dagobert chassait les fauves ; et, sans sa fondatrice,

Isabelle de France, sœur de saint Louis, l'ancienne abbaye de Longchamps échapperait à notre mémoire. C'était un éblouissement de merveilles qui donna naissance au pèlerinage classique qui se continua pendant longtemps, aux approches de la Semaine Sainte. La fameuse demeure abbatiale ne nous offre plus que quelques ruines, mais en revanche le Bois de Boulogne devint la promenade de prédilection des Parisiens et des étrangers. Aller se faire voir au Bois est presque une obligation pour toute une classe de la Société.

Il faut se souvenir du château de Madrid, bâti par François Ier; le château de la Muette, transformé par le Régent; le Ranelagh, établi sous les ordres de Marie-Antoinette; ce sont, en quelque sorte, les joyaux du Bois, véritables monuments impérissables dans l'histoire du Bois de Boulogne.

Bagatelle, construit par Mlle de Charolais, date également de cette époque, il est actuellement un peu le rendez-vous des solitaires, recherchant cette délicieuse retraite enclavée dans le Bois. Louis XIV créa les premiers règlements qui assurèrent l'aménagement et la conservation du Bois. Napoléon Ier y fit opérer de grands remaniements; on abattit les arbres nuisibles à la circulation, de nombreuses allées s'ouvrirent et des hêtres, des charmes et des érables furent mariés aux plantations existantes. Des gardes forestiers furent chargés de veiller à leur conservation.

L'invasion de 1812 ne l'épargna malheureusement pas, et il renaît sous la Restauration qui y introduisit les marronniers et les sorbiers, et le dota de pépinières.

Louis-Philippe le continua et commença les travaux d'empierrement de quelques routes. La promenade devenant de plus en plus fréquentée, l'État céda le Bois à la Ville de Paris, qui se chargea d'y exécuter des travaux d'embellissement. Nous voilà en 1852. Aussitôt en possession de ce magnifique domaine, la Ville le métamorphosa avec une étonnante activité, merveilleusement secondée par de vaillants novateurs qui, en domptant une nature rebelle, arrivèrent à créer le plus beau parc de l'Europe. Deux millions de travaux furent exécutés. Le paysagiste Varé, dont les idées furent adoptées, dessina les plans.

Il fit creuser les lacs, qui constituent la scène la plus riante et la plus grandiose du bois. C'était un coup de maître laissant, cependant, une porte ouverte à la critique, qui doit rester toujours fidèle aux principes; on doit regretter la partie du Rond-Royal, au nord duquel point, en suivant la route du pourtour, on aperçoit le niveau de l'eau à hauteur d'œil.

Son successeur à la Ville de Paris, Barillet-Deschamps, homme d'un

J.-C.-A. ALPHAND (1817-1891)

Membre de l'Institut.
Directeur des travaux de la ville de Paris.

talent tout à fait supérieur, doublé d'un chercheur raffiné, continua l'œuvre d'après un plan général qui fut dressé par M. Alphand, ingénieur en chef et directeur des travaux. C'est à ce grand transformateur que nous devons l'Ecole Moderne des architectes-paysagistes, où s'initia une véritable pléiade de jeunes gens d'avenir, futurs maîtres dans l'art des jardins : tels que MM. Laforcade, Chevalier, André, Duchêne, Quénat, Marcel, Péan et tant d'autres.

Les idées magistrales de M. Haussmann, qui voyait grand, son activité infatigable, imprimèrent une impulsion considérable aux embellissements du Bois. Il serait injuste de ne pas lui rendre cette justice.

Ce fut l'époque de la grande transformation, et la tâche n'était pas facile. Le sol plat, formé d'alluvions, fut remanié ; aux allées droites et monotones succédèrent des allées aux courbes harmonieuses, plantées d'essences peu connues et tracées suivant les règles de l'art et de la perspective. Des sentiers ombragés invitaient à la promenade sous le feuillage, permettant d'admirer les buissons fleuris, les pelouses et les corbeilles de fleurs; des percées, savamment ménagées, laissaient apercevoir les plus beaux points de vue ; enfin, de nouvelles plantations furent exécutées sur divers points.

La butte Mortemart, établie avec les déblais des lacs et des avenues avoisinantes, devint l'un des points intéressants du lac. La plaine de Longchamps fut acquise et permit de nouvelles vues sur les ravissants coteaux des bords de la Seine. La création de l'hippodrome de Longchamps attira tous les amateurs du turf, et ces embellissements variés consacrèrent la réputation du Bois de Boulogne.

A Longchamps se trouve la grande cascade qui mérite une description spéciale en ce qu'elle forme l'un des endroits les plus pittoresques du bois ; un brusque mouvement de terrain la motive et la prépare. Les eaux, emmagasinées dans un lac supérieur, se précipitent en une nappe d'une dizaine de mètres de largeur et tombent, d'une hauteur de 6 à 7 mètres, dans un bassin inférieur; deux chutes latérales l'accompagnent. Le rocher principal s'élève à 15 mètres au-dessus du bassin et forme deux grottes superposées qui communiquent entre elles par un escalier taillé dans le roc. Le bruit des eaux qui tombent et se brisent sur les rochers au milieu des plantations, donne à cette scène un caractère grandiose, très naturel et très heureusement combiné. Il y a, néanmoins, une critique à soulever. Si quelques blocs sont bien isolés et disposés avec art, il faut reconnaître que les matériaux composant le fond de la chute, le grès, n'est pas tout à fait à sa place, et que l'art y est trop apparent. La cascade de Longchamps a été la première école de ses créateurs. Un architecte tel que Varé et ses collaborateurs, auraient certainement imprimé à cette œuvre un caractère plus naturel.

GRANDE CASCADE
(Bois de Boulogne)

Le sol sablonneux du Bois de Boulogne est réfractaire à la végétation de beaucoup d'essences ; néanmoins, on est arrivé à y acclimater de nouvelles espèces qui ont donné assez rapidement de bons résultats. C'est le pittoresque qui manque le plus, c'est un peu vrai ; mais le terrain, naturellement plat, offrait peu de ressources au paysagiste. Devant les résultats obtenus, il faut s'incliner devant l'œuvre du Maître.

Dans une promenade autour du grand lac, deux longues percées, découpées par les îles, sont splendides ; des plantations de pins sylvestres et de pins noirs forment des masses sombres sur lesquelles le fin branchage et les délicates feuilles des bouleaux contrastent très heureusement. Les embarcadères, le chalet, les îles, le pont rustique qui les réunit, sont traités de main de maître. Plus loin, ce sont les deux cascades, énormes

PONT RUSTIQUE ENTRE LES DEUX ILES

Bois de Boulogne

blocs de rochers, elles semblent imposées par la nature, au milieu d'une végétation luxuriante d'arbres, d'arbustes et de plantes aquatiques, d'où se précipitent les eaux qui alimentent le lac. C'est là que des spécialistes tels que Teston et Malaure ont prouvé qu'ils avaient une connaissance approfondie de l'emploi des grès. De là, on aperçoit le pavillon qui termine l'île, se dressant au sommet des rochers et découpant son architecture légère sur le fond sombre des grands arbres. Au milieu des eaux, quelques embarcations servant aux navigateurs d'eau douce animent le paysage.

En suivant le cours du ruisseau de Longchamps, qui serpente à travers le bois, on rencontre des ponts, des cascatelles au doux murmure. Il y a des coins merveilleux, comme la cascade et la mare aux biches, des clairières ensoleillées, des sous-bois habilement ménagés ; en un mot, la colla-

RUISSEAU DE LONGCHAMPS
(Bois de Boulogne)

boration d'éléments artistement disposés supplée au manque de mouvements naturels et donnent du pittoresque et de l'attrait au bois.

Le high-life, qui fait au Bois sa promenade journalière, a imposé l'établissement de lieux privés pour les fêtes, et d'attractions de tous les genres.

Ce fut d'abord le Pré-Catelan, dont on n'a pas oublié les splendides concerts et les fêtes vénitiennes, devenu aujourd'hui public; tout le monde y admire les fleurs et les plantes les plus rares du Bois; quelques scènes exotiques accompagnent de légères constructions orientales. Des établissements du Pré-Catelan, il ne reste qu'une laiterie dépendant du Jardin d'Acclimatation, qui se trouve un peu plus loin. Ce jardin, institué, d'après les plans de Barillet-Deschamps, par un savant, M. Geoffroy Saint-Hilaire, son directeur, dans le but d'acclimater les espèces animales et végétales d'introduction nouvelle, amène chaque jour au Bois une foule de promeneurs et même d'abonnés. Ce parc, si admirablement aménagé, se voit et se revoit toujours avec plaisir. Les serres abritent de magnifiques spécimens de plantes tropicales, des collections très riches en variétés remarquables.

Par leur culture, on trouve là un enseignement horticole et botanique des plus sérieux.

Le rendez-vous des animaux, qui est le point le plus fréquenté, est un véritable lieu de fête pour les enfants; les massifs et tranquilles éléphants, les dromadaires qui font courir en les suivant, les autruches légères et attelées, les poneys qu'on va visiter au manège, promènent des bandes de bambins enthousiasmés. Sous les ombrages des allées, on admire avec étonnement les ibis, les hérons aux jambes trop longues en train de rêvasser au bord du lac; puis viennent les antilopes, les cerfs étonnés, les kangourous qui mettent leurs petits dans leur poche; enfin l'immense volière des oiseaux tapageurs, les perroquets multicolores, le chenil et la cage des singes plus ou moins décents et plus ou moins parfumés. Les enfants sont heureux, leurs parents sont contents. Le Jardin d'Acclimation est assurément le *clou* du Bois; les beaux concerts qui se donnent dans les kiosques des chalets-restaurants, le tir aux pigeons, le club des patineurs, les exhibitions de sauvages authentiques pendant l'été, offrent chaque jour des attractions nouvelles à l'aristocratique clientèle, de plus en plus nombreuse, du jardin.

Le Bois est le rendez-vous mondain par excellence; l'exhibition obligée de la dernière mode; les plus beaux équipages, les livrées les plus correctes s'y rencontrent pendant toute la semaine. Le dimanche, le tableau s'agrandit, le bon peuple se mêle à la fête; il accapare les pelouses oubliées à travers les clairières; c'est l'heure du festin ou de la sieste, au milieu des joyeux rires, pendant que les enfants se roulent dans l'herbe et prennent leurs joyeux ébats sur les pelouses.

Les jours de grande fête, le Bois s'illumine, des lanternes multicolores, suspendues aux branches des arbres, des drapeaux indiquent partout la fête, des feux de bengale embrasent les bosquets, tandis que, sur le lac, glissent des gondoles avec un entraînant orchestre.

Le tableau est réellement féerique ; c'est pour ainsi dire le rêve des Parisiens grâce aux dispositions décoratives apportées par les organisateurs.

L'avenue du Bois-de-Boulogne, œuvre grandiose de M. Haussmann, qui part de la place de l'Étoile pour rejoindre la porte Dauphine, ne doit pas être oubliée. Sa disposition en jardin est des plus heureuses : à l'extrémité de l'avenue, on a comme fond les coteaux de Suresnes et du Mont-Valérien ; de chaque côté, au milieu des pelouses et des arbres, on aperçoit, encadrés de verdure, les splendides hôtels bâtis sur son parcours, qui laissent échapper les délicieux parfums de leurs jardins plantés des arbres les plus précieux et des fleurs les plus rares. Le succès du Bois de Boulogne, la vogue obtenue par sa transformation inspirèrent à Napoléon III l'idée du Bois de Vincennes.

BOIS DE VINCENNES

Si les Bois de Vincennes et de Boulogne sont à deux extrémités différentes de Paris, le genre des promeneurs qui les fréquentent est aussi tout opposé. Situé à l'Est de Paris, près d'un grand centre ouvrier, entouré de plateaux dénudés ou couverts d'usines, le Bois de Vincennes est peut-être la plus belle promenade de Paris.

Il a son histoire : c'était autrefois la « Sylva Vilcenna » où les Druides évoquaient leurs Dieux.

Les souverains le réservèrent longtemps pour la chasse ; aussi fut-il clos en 1183 pour recevoir des cerfs, des chevreuils et des daims envoyés d'Angleterre par Henri II. A cette époque fut également bâti le château-fort de Vincennes. Sous Philippe-Auguste, il devint la résidence favorite des rois de France. Saint-Louis l'affectionnait beaucoup et y rendait la justice sous le chêne légendaire. Son fils, Philippe III le Hardi, dont les noces furent célébrées au Château de Vincennes en 1214, agrandit considérablement le parc. En 1315 fut inauguré le manoir comme prison d'État, pour y juger le surintendant Enguerrand de Marigny.

Charles V acheva le donjon et acheta une partie des bois donnés par ses prédécesseurs à la communauté des Bonshommes ; il y fit construire le château de Beauté, où il mourut. Ce château fut successivement habité par Agnès Sorel qui prenait le nom de Dame de Beauté, et par la duchesse d'Etampes; il n'en reste plus rien aujourd'hui.

La forêt fut entièrement détruite sous Charles VII, en 1419, au moment où Paris souffrit du froid, et fut replantée sous Louis XI par Olivier le Dain. Charles IX, Henri III et Louis XIII y firent des remaniements successifs. Mazarin, grand amateur de Vincennes, conçut le projet d'en faire une résidence royale, et d'en réserver une partie aux promeneurs de Paris, mais Louis XIV ne donna pas suite au projet. Il fit néanmoins exécuter quelques travaux qui furent continués sous Louis XV. En 1792, Vincennes devint domaine de l'État. En 1810, il revint au domaine des souverains; mais bientôt, investi par les armées étrangères, il fut le théâtre de l'attitude héroïque du général Daumesnil, dit la Jambe de bois.

La Restauration créa la Faisanderie. Sous Louis-Philippe, l'emplacement des redoutes de Gravelle, de la Faisanderie, du Fort neuf et de la partie correspondante des fortifications fut pris sur le Bois de Vincennes et lui imposa des servitudes militaires qui, de nos jours encore, nuisent tant au charme et même à la sécurité.

En 1838, le polygone fut changé et on exécuta des défrichements considérables, de 160 hectares, pour la création de manœuvres.

En 1858, commence la grande transformation, sous l'impulsion de Napoléon III, mais, dès 1860, le terrain est cédé à la Ville de Paris et son embellissement s'opère avec une étonnante rapidité. C'est là que Barillet-Deschamps, architecte-paysagiste d'une renommée dignement acquise, a créé des scènes que le temps a rendues merveilleuses, telles que les parties du voisinage de Saint-Mandé, Daumesnil, etc. En peu de temps, grâce à ce prodigieux ornemaniste, le Bois de Vincennes devint une des ravissantes promenades de Paris. Plus heureux qu'au Bois de Boulogne, d'un aspect beaucoup moins forestier, on avait sous la main, en même temps qu'un meilleur terrain, de magnifiques futaies de châtaigniers et de bouleaux, une multitude de ressources naturelles se prêtant bien aux effets pittoresques, cadrant bien avec le caractère du Bois.

On commença par creuser dans l'ancien enclos des Minimes, un immense lac de 8 hectares : trois îlots reliés ensemble par des ponts, détachent heureusement les eaux par leurs bois touffus. Des déblais de ce lac et des avenues environnantes, on créa le plateau de Gravelle, où se trouve un lac servant de réservoir aux eaux du Bois ; de là se forment les rivières de Joinville et de Saint-Mandé, et celle de Charenton qui gagne le lac créé en dernier lieu dans la plaine de Bercy.

C'est par là que la Ville clôtura ses travaux, en transformant du même coup les côteaux de Saint-Maurice et de Saint-Maur, qui bordent les rives de la Marne.

Dans le grand lac de Bercy, deux îles furent ménagées et couvertes

CHALET - ABRI
Bois de Vincennes

de plantations de grands arbres, choisis parmi les espèces à feuilles caduques et les essences résineuses ; ces arbres transplantés au chariot, accompagnés de nombreux massifs d'arbustes et de fleurs, ombragèrent de coquets embarcadères ou encadrèrent de gracieux points de vue à travers les pelouses. La grotte et la cascade de Reuilly, mises en valeur par un temple charmant, complètent très heureusement la beauté pittoresque de cette scène.

Ces embellissements successifs transformèrent, comme un coup de baguette, l'aridité inculte de cette ancienne plaine en un lieu rempli d'air, de lumière et d'ombrage.

Comme nous le voyons, le Bois de Vincennes est bien mieux traité que le Bois de Boulogne, dont la beauté sent beaucoup plus l'effort. Là, au contraire, tout semble naturel, l'art s'efface ; on y trouve de grasses prairies, de sombres futaies, des eaux baignées de roseaux, d'une réalité persuasive. Partout, on sent l'odeur des foins et la fraîcheur des eaux vives. Ce n'est pas la végétation exotique des petits jardins de Paris, mais on est au milieu des essences forestières, bouleaux, chênes, érables, pins, acacias, ormes, que ce sol fertile développe facilement. Les gazons sont émaillés, comme en une prairie naturelle, de bleuets, de marguerites et de boutons d'or des champs.

Les vues extérieures y sont féeriques, principalement sur le sommet de Gravelle. On y arrive par un large boulevard prenant naissance à la porte de Charenton. Ce boulevard domine la vallée de la Marne, dans une partie de son parcours; mais ces vues charmantes ne donnent qu'une légère idée du merveilleux panorama qui s'offre aux yeux sous le kiosque élégant qui couronne le sommet du plateau.

Une fois là, le spectateur voit au-dessous de lui serpenter en gracieuses sinuosités les ruisseaux murmurant à l'ombre des grands arbres et se déroulant dans une longue vallée à végétation luxuriante. Les bosquets, les bois, les îlots pittoresques, les grandes futaies apparaissent tour à tour, coopérant ainsi à la majesté de la scène. La vue s'étend en dehors, sur le cadre de ce charmant paysage; d'un côté, ce sont d'élégantes villas, tantôt semées dans la campagne, tantôt formant des villages, comme Joinville, la Varenne-Saint-Maur où l'originalité des constructions se reflète dans les eaux blanchâtres de la Marne. D'un autre côté, la vue embrasse un immense horizon borné par des collines boisées; à droite, dans le lointain, apparaît Paris, grandissime bloc d'où se détachent çà et là les cimes des majestueux édifices; plus loin s'élèvent les coteaux qui dominent Versailles, les chemins de fer de Lyon et d'Orléans animent le paysage par la fumée flottante de leurs locomotives. Enfin, Nogent et Fontenay s'étagent gracieusement au-dessus des collines de Rosny; dans le bas c'est l'aqueduc de Mulhouse découpant ses hautes arcades dans l'azur du ciel. Le paysage est impressionnant au soleil levé; lorsque le brouillard se dissipe, les principaux points de vue apparaissent graduellement, les villages prennent corps, les masses d'arbres s'accentuent, et les nuances se prononcent peu à peu. Enfin, voilà le jour; partout c'est le réveil, les feuilles pourpres des hêtres se détachent sur le fond sombre des sapins, tandis que les bouleaux blancs qui se dressent argentés, laissent retomber en pluie leur légère ramure; le soleil envahit les massifs et fait naître d'heureuses oppositions de lumière et d'ombre dans les feuillages, tout en déversant une teinte grise sur le verdoyant gazon parsemé de rosée.

Le coup d'œil de ce site enchanteur est réellement féerique; la vue est

LE LAC DE SAINT-MANDÉ
(Bois de Vincennes)

fascinée, dans ce Bois de Vincennes, par la grandeur du paysage artificiel : quel décorateur ingénieux a su le créer en l'harmonisant d'une façon aussi parfaite avec la nature environnante. C'est le triomphe d'un art qui nous est cher, et notre pensée se reporte invinciblement vers le maître qui exécuta ces gigantesques travaux, toujours à l'affût du nouveau, sans jamais se recopier : c'est là que Barillet-Deschamps, le célèbre artiste, s'est donné tout entier; ses idées nouvelles consacrèrent le succès du genre paysager.

Le Bois de Vincennes est le lieu de prédilection du travailleur, c'est une promenade classique pour les noces plébéiennes, on y va *faire la fête*; tout y est vivant, riant, au milieu du laisser-aller et de la gaîté parisienne. C'est l'endroit indiqué pour le Paris qui travaille : l'ouvrier est là chez lui, il y festine, danse sur les pelouses, fait sa sieste à l'ombre des grands arbres, ou flirte dans les sentiers perdus. Heureux de respirer au sortir des faubourgs malsains, assoiffé d'air, de lumière et de repos, le peuple laborieux se livre là aux plus joyeux ébats. On comprend facilement les bienfaits dont la ville a doté ses habitants, en créant là un parc public dont bénéficie une partie de Paris; il ne faut pas regretter les frais nécessités pour opérer cette gigantesque transformation. Encouragée par le succès, l'édilité parisienne ne s'arrêta pas en aussi beau chemin, elle avait trop bien compris son devoir pour ne pas continuer son œuvre philanthropique, aussi les travaux se succèdent-ils jusqu'à nos jours avec une rapidité vertigineuse.

PARC MONCEAU

Le parc Monceau fut dessiné par Carmontel en 1778 pour Louis-Philippe d'Orléans, duc de Chartres, sur un terrain plat et aride.

Tout ce que l'art des jardins avait créé, à cette époque, de plus enchanteur, fut réuni dans ce parc bien planté, et gracieusement accidenté. On y voyait une naumachie, un temple, des kiosques, des bains, des obélisques, des sites champêtres, des grottes, etc.

C'était au milieu de cet Eden que le duc de Chartres ressuscitait les orgies de son aïeul le régent. Un pavillon isolé à l'une des extrémités du parc, était le théâtre des fêtes auxquelles le duc conviait les grandes impures de Paris.

Un décret de la Convention le rendit public, mais son éloignement (il dépendait alors de Clichy) le fit délaisser des Parisiens.

Napoléon Ier en fit don à Cambacérès, qui le rendit à l'État, craignant les trop fortes dépenses de l'entretien. Ce parc était beaucoup plus grand qu'aujourd'hui.

Le roi Louis XVIII le rendit aux descendants du duc de Chartres, qui le conservèrent jusqu'en 1852, époque à laquelle il fit retour à l'État. En 1860, la Ville l'acheta et le transforma pour le mettre au niveau des embellissements qu'elle apportait dans ce nouveau quartier.

Des vallonnements furent créés, l'eau y fut amenée en abondance, un rocher formant grotte et cascade fut établi. Malheureusement, ce rocher, beaucoup trop massif pour un terrain aussi plat que celui du parc Monceau, produit un effet fâcheux en heurtant les lois de la nature. Nous préférons de beaucoup un rocher avec grotte et source que nous avons dessiné en 1888, et qui fut exécuté avec des calcaires de montagnes du Jura par J. Dumilieu, rocailleur à l'Exposition Universelle de 1889 ; ce rocher, moins élevé et mieux appuyé par le sol relevé en pente douce, donne bien l'illusion du naturel par sa très heureuse disposition.

Parmi les autres travaux du parc, la rotonde fut réparée, la naumachie

LA NAUMACHIE
(Parc Monceau)

fut consolidée, tout en lui laissant son caractère de ruine pittoresque ; enfin des grilles ornementales en firent la clôture grandiose, bien en rapport avec le parc et le quartier aristocratique où il se trouve.

La situation privilégiée de ce parc exigea les soins les plus luxueux ; aussi le parc Monceau est-il de nos jours, comme décoration végétale, le plus beau des parcs de Paris. C'est une véritable exposition d'horticulture, les fleurs y sont répandues à profusion ; tantôt elles forment, dans les corbeilles, une harmonieuse mosaïque, tantôt elles escortent heureusement un arbre rustique, ou forment une bordure de fleurs aux massifs d'arbres qu'elles relient ainsi aux pelouses.

Quel jardin magique! la flore merveilleuse des tropiques s'y trouve représentée, flore étonnante de diversité et de coloris; l'harmonie des couleurs des plantes, leurs effets, leur position exacte, tout est étudié à l'avance et savamment exécuté; ces plantes exotiques se marient aux plantes indigènes pour former des scènes charmantes. Là ce sont des palmiers et des agaves, plus loin un groupe de musacées, mélangées de fougères arborescentes, ailleurs des corbeilles de dracœnas, de phormiums variés, de ficus élastica. C'est là enfin que la Ville envoie les plus beaux spécimens des cultures de ses serres, et qu'elle en expérimente l'acclimatation. Nulle part autant de richesses végétales ne sont accumulées sur un même espace de terrain, les fleurs les plus rares s'associent aux plus beaux arbres et arbustes; en un mot, chaque plante collabore, par sa grâce et sa beauté, à l'harmonie de l'ensemble.

Tout le luxe imaginable est déployé dans la décoration florale de ce délicieux éden, bien en harmonie avec les hôtels princiers, dont la merveilleuse architecture s'aperçoit de tous côtés, à travers les pelouses et les percées. Le soir, la lumière électrique projette partout ses splendides rayons, et illumine le parc en produisant des effets très heureux à travers les massifs et sur les pelouses. Une heureuse disposition à signaler dans l'arrangement du lotissement ménage une sortie sur le parc à chaque propriété riveraine; ce qui augmente réciproquement l'étendue du parc et celle des jardins contigus.

PARC DES BUTTES-CHAUMONT

Les Buttes-Chaumont ont aussi leur histoire; c'est là que fut livré la bataille de Montfaucon, où les Parisiens, commandés par le comte Eudes, repoussèrent une attaque des Normands.

Plus tard, les fourches patibulaires, établies vers le XIIIe siècle, les rendirent célèbres. Le légendaire gibet ayant disparu en 1789, les Buttes-Chaumont devinrent alors le réceptacle des immondices de Paris et le dépotoir des vidanges. Les carrières abandonnées servirent de retraite aux malfaiteurs. Le peu de sécurité du lieu, joint aux émanations putrescibles qui s'en dégageaient, éloignèrent forcément les habitants et furent un obstacle à l'extension de la ville de ce côté.

Lors de l'annexion des communes de Belleville et de la Villette, en 1860, l'édilité parisienne, pour remédier à cet état de choses, et désirant doter ses nouveaux administrés d'une vaste promenade, décida la transformation complète des Buttes. Elle fit l'acquisition de 25 hectares de terrain, et les travaux commencèrent en 1864, pour se terminer en 1867, à l'ouverture de l'Exposition Universelle.

L'aspect actuel du parc montre bien le véritable tour de force qu'il fallut

UNE VUE PRÈS DE LA GRANDE GROTTE

(Parc des Buttes-Chaumont)

exécuter pour son établissement. Les gros terrassements ne demandèrent pas moins d'une année, malgré le grand nombre d'ouvriers et l'emploi des wagons et machines à vapeur destinés aux transports des terres. Le terrain, mélangé d'argile et de marne, était réfractaire à toute végétation ; on apporta, les routes une fois établies, des terres végétales qui furent répandues à l'emplacement des pelouses et des plantations. Dans la limite du possible, on bénéficia des accidents de terrain et des excavations profondes qui donnèrent au parc l'aspect d'un paysage de région montagneuse. En associant l'art au pittoresque naturel, le parc des Buttes-Chaumont est devenu une promenade unique en Europe.

Dans un genre différent, ce parc est sans contredit avec le Bois de Vincennes, que nous avons décrit plus haut, une des curiosités de Paris.

Quoi de plus imposant et de plus bizarre que cette île de rochers, énorme bloc s'élevant à plus de 20 mètres au-dessus d'un lac de 2 hectares de superficie, avec le pont suspendu, hardiment jeté au-dessus : tout con-

L'ILE DES ROCHERS
(Parc des Buttes-Chaumont)

concourt à donner une impression indéfinissable. Les hautes falaises de cette île, crevassées avec art, sont d'un aspect terrifiant, quoique d'une solidité à toute épreuve ; au sommet, garni de plantations, une élégante rotonde en pierre (le temple de la Sybille) couronne le tout et permet de jouir d'une vue unique en son genre. De là se déroule tout le magnifique panorama de Paris et de ses environs ; d'un côté, les plaines couvertes d'usines et de fabriques s'étendent à perte de vue, interrompues çà et là par des villages qui surgissent au milieu des arbres ; de l'autre, Paris s'embrasse d'un seul coup d'œil.

A part le pont suspendu, un autre pont en maçonnerie relie l'île à la terre ferme, une allée monte en serpentant jusqu'au promontoire, tandis qu'un escalier y donne accès par l'intérieur du rocher. Il est éclairé dans son parcours par de larges fissures, dont plusieurs forment des paliers d'où l'œil plonge avec effroi dans le lac dont les eaux, réfléchissant les grands arbres et les rochers, semblent avoir une profondeur considérable. Au pied de ces falaises, des peupliers, appuyés par des saules, forment un heureux

ALLÉE ET RUISSEAU BORDÉS DE ROCHERS
Parc des Buttes-Chaumont

contraste avec les rochers et les sapins ; quelques éclaircies, savamment combinées, donnent aux vallées une profondeur fictive plus grande que la réalité. Çà et là dans les flancs des rochers sont campés des arbustes, des plantes grimpantes ou saxatiles qui remédient à la nudité et à la pauvreté de certains endroits ; ce sont des valérianes rouges qui montrent leur charmante inflorescence, au milieu d'une véritable profusion, d'un agréable fouillis de cinéraires, de rosiers sauvages, de lierres, de campanules, de mufliers, etc.

Plus loin, une masse de rochers (murailles pittoresques, aux imitations du gisement gypseux naturel) est terminée par une grotte de 14 mètres de largeur sur 25 de hauteur, c'était autrefois l'emplacement d'une exploitation considérable de pierres de plâtre.

Les eaux s'échappant par une conduite au pied du mur de soutènement du boulevard de Vera-Cruz, coulent en cataractes dans un ravin supérieur formé d'assises déchirées et couvertes de plantes sarmenteuses et de fou-

LA GRANDE GROTTE
(Parc des Buttes-Chaumont)

gères, puis se précipitent en deux nappes dans l'intérieur de la grotte. Le bruit des eaux, les stalactites suspendues aux parois de la voûte, les murailles de rochers forment un tableau saisissant de pittoresque et de naturel. L'écume des eaux contraste heureusement avec les ténèbres de la grotte, les plantations de conifères ajoutent leur forme et leur ton foncé à cette scène, rendue riante par les fougères les plus variées.

Le ruisseau qui descend près de la cascade (ruisseau des Alpes) est également fort curieux par l'arrangement des plantes alpines qui ornent les bords, et des rochers qui les forment.

D'autres buttes, celles de Puebla et de la rue Fessard, permettent de jouir des vues variées à l'intérieur et à l'extérieur; toutes sont reliées par une succession de vallons et de coteaux formant des éclaircies, des vues, au milieu des plantations et de l'immense tapis vert des pelouses dont les vallonnements dessinent les allées. Trois chalets-restaurants, de formes variées, ont été établis : l'un au bord du lac, où l'on fait de la musique, l'autre à cheval sur le tunnel du chemin de fer de ceinture, et le troisième sur le versant de la butte de Puebla; leur légère architecture met bien en valeur les massifs d'arbres.

Huit pavillons de garde, un pavillon pour la musique, et l'habitation du garde général de Paris animent aussi le paysage.

Dans ce site, d'un aspect sauvage et agréable à la fois, où se constatent des différences de niveau de plus de 30 mètres, les allées carrossables ne dépassent pas 0,06 de pente par mètre, et les sentiers, dont les pentes n'excèdent pas 0,10 par mètre, permettent aux piétons de prendre des raccourcis pour gagner les parties élevées du parc sans parcourir trop de chemin. Enfin, ce parc est entouré de voies spacieuses, aucun obstacle ne vient masquer la majesté de la vue. Les Buttes-Chaumont semblent réaliser l'idéal des plus belles conceptions du paysage et méritent l'une des premières places parmi les plus grandes créations de l'Europe.

Constatons, en terminant, que l'aspect grandiose de cette nature bouleversée, ce paysage de montagnes, grand comme nature, tous ces tours de force accomplis dans cette éclatante manifestation de l'art des jardins, impressionnent beaucoup plus les étrangers que les Parisiens, délaissant trop souvent cette promenade idéale pour des excursions peu intéressantes.

L'Ecole Moderne a le droit d'être fière de ce véritable coup de maître, elle a donné là la mesure de ce qu'elle peut enfanter dans le domaine du pittoresque.

MONTSOURIS

Avec le bois de Boulogne, le bois de Vincennes et les Buttes-Chaumont, le parc de Montsouris complète le projet de la Ville de Paris, qui voulait établir des promenades extérieures, dans toutes les directions.

Etabli sur un plateau légèrement ondulé qui domine la vallée de la

Bièvre, d'où l'œil embrasse une vue de Paris fort étendue, le parc de Montsouris était destiné à appeler sur la rive gauche de la Seine la vie et le mouvement, comme les Buttes-Chaumont l'attiraient sur la rive droite.

On put ainsi heureusement utiliser des terrains qui, coupés par deux chemins de fer, eussent présenté un lotissement difficile pour l'ouverture des rues et l'élévation des constructions.

La situation est merveilleuse ; du point culminant, la vue domine Paris et les plaines de la Glacière et de Gentilly. Ce parc, d'une étendue de 16 hectares, nous donne le type du style paysager tempéré, il présente trois grandes pelouses plantées de bosquets, terminées par un grand lac dans la partie basse.

Trois ponts relient entre elles les différentes parties que coupent les chemins de fer de Sceaux et de Ceinture. Ces ponts, formés de rocailles et de quelques blocs de rochers agrémentés de plantations, sont loin d'être disgracieux ; ils produisent au contraire des effets agréables. De l'un deux, on aperçoit la longue tranchée du chemin de fer de Ceinture, dont les talus rocaillés et plantés d'arbres, où les pins noirs et les pins sylvestres sont en majorité, corrigent l'aspect désagréable de la vue de cet énorme déblai.

Près de là, s'élève le palais du Bey de Tunis, qui figurait à l'Exposition Universelle de 1867. Reconstruit sur une base de maçonnerie, ce palais mauresque, tout en bois, est devenu actuellement un observatoire météorologique qui rend des services.

En descendant vers la partie basse, on passe sous un tunnel de rochers ornés d'arbustes et de plantes grimpantes ; là, on aperçoit, encadrée dans la voûte, la scène du lac avec ses rochers et ses plantations ; des allées le contournent et conduisent près de la cascade qui l'alimente. Cette cascade, surmontée d'un promontoire, laisse tomber les eaux amenées par une conduite forcée dans une vasque garnie de rochers ; quelques grosses masses de rochers se font à peine entrevoir sous les végétations d'arbustes, des cotoneaster, des yuccas, etc. Près de là, deux énormes touffes de polygonum s'élèvent en avant du rocher et des grandes plantations qui l'encadrent en produisant un charmant effet.

A côté, le pavillon pour la musique, plus loin une élégante habitation pour le garde, charmante construction qui fait valoir l'entrée principale, sont encore à mentionner.

La riche végétation de ce parc, malheureusement trop délaissé des Parisiens, même les plus voisins, son aspect mouvementé en font une œuvre remarquable; son éloignement du centre le rendra forcément moins fréquenté. Depuis sa création, l'extension progressive de Paris s'est déjà fait sensiblement remarquer par le nombre des visiteurs de ce parc, et tout nous porte à croire qu'elle s'accentuera encore davantage.

Heureux les habitants de la rive gauche, s'ils savaient bien en profiter, d'avoir à leur disposition, comme lieu de repos, ce merveilleux parc qu'envieraient tant de villes de province, encore déshéritées sous ce rapport.

Glyptographie SILVESTRE & Cie.

VUE PERSPECTIVE DU SQUARE DU CASINO MUNICIPAL DE NICE

SQUARES

Comme corollaire de ces grands travaux, la ville, poursuivant son œuvre, créa, en plein Paris, ces charmantes retraites, sortes d'oasis que nous appelons improprement des squares. On en compte au moins un par arrondissement. Pour n'en citer qu'un, le square des Batignolles nous offre un des meilleurs spécimens du genre: comme composition il a une valeur artistique incontestable. Ces plantations s'imposaient, elles sont aussi nécessaires aux habitudes de la population adulte qu'à la santé des enfants, qu'il faut pouvoir envoyer, autant que possible, près de leur domicile, dans un lieu où ils soient en sûreté, tout en respirant un air salubre; aussi c'est à la satisfaction générale que le nombre des promenades augmente tous les ans.

Pour ne pas nous arrêter à la description de tous ces squares que nous avons déjà cités plus haut, nous ne dirons qu'un mot de ceux qui sont tout récemment établis et notamment du parc des Buttes-Montmartre actuellement en cours d'exécution. Notons, en passant le square du Paillon, à Nice, le parc du Belvédère à Tunis, et le parc de la Liberté, à Lisbonne.

NICE — SQUARE DU PAILLON

L'embouchure de la rivière « Le Paillon », à Nice, était un véritable obstacle situé dans un des plus beaux quartiers de la ville. Sa vue était plutôt désagréable par l'absence de ses eaux pendant une grande partie de l'année. C'est donc plus vraisemblablement un torrent qu'une rivière.

La municipalité de la ville eut l'heureuse idée d'en faire effectuer la couverture de la partie allant de la place du Casino municipal à la mer et un plan nous fût demandé à l'effet d'y établir un jardin public, en y réunissant l'ancien square qui possède le pavillon de musique d'une part et le square des Phocéens d'autre part.

Sous le climat de Nice, les fraîches nuits de décembre et de janvier ont disparu à l'époque du carnaval, et les fêtes de nuit peuvent avoir tout l'entrain qu'est susceptible de donner cette foule hétérogène et avide de gaieté qui, chaque année, vient se retremper sous le bienfaisant soleil méditerranéen.

A cet effet, un projet a été étudié dans le style français où de larges espaces sablés permettent de donner tout le faste et l'éclat que réclament ces somptueuses fêtes de plein air.

L'éclairage électrique a un rôle des plus marqués dans ces circonstances.

Dans notre projet, dont la gravure ci-jointe donne une perspective, deux grandes avenues de palmiers parcourent la plus grande longueur et conduisent de la place du Casino au pavillon de musique. Le monument du centenaire et deux vastes bassins avec jets d'eau agrémentent cette principale partie du Jardin. En outre, des plates-bandes de fleurs accompagent le cours des allées en jetant leurs notes gaies et variées.

Autour du pavillon de musique, un vaste terre-plein planté permet à une foule considérable de circuler aisément. Près de la Promenade des Anglais, un café-restaurant dans le style italien possède un terre-plein duquel les consommateurs peuvent entendre le concert très facilement. A la partie opposée à ce terre-plein se trouve un théâtre en plein air à l'instar des cafés-concerts des Champs-Élysées à Paris. Comme complément à cette décoration, ajoutons que les axes des allées principales sont motivés par des sujets artistiques tels que vases, statues, etc.

TUNIS -- LE PARC DU BELVEDÈRE

Dans le même ordre d'idées, passant de la France à l'étranger, nous ne pouvons terminer cette étude sans dire un mot du parc public du Belvédère à Tunis, et du projet du parc de la Liberté à Lisbonne.

Le parc du Belvédère, dont nous donnons la vue, actuellement en cours d'exécution, est la conséquence d'une heureuse inspiration de M. Jannin, ingénieur directeur des travaux de la ville de Tunis; les projets en furent étudiés par M. Laforcade, architecte-paysagiste, jardinier en chef de la ville de Paris.

La création de ce parc public de la ville de Tunis est un véritable bienfait pour les habitants et pour les étrangers.

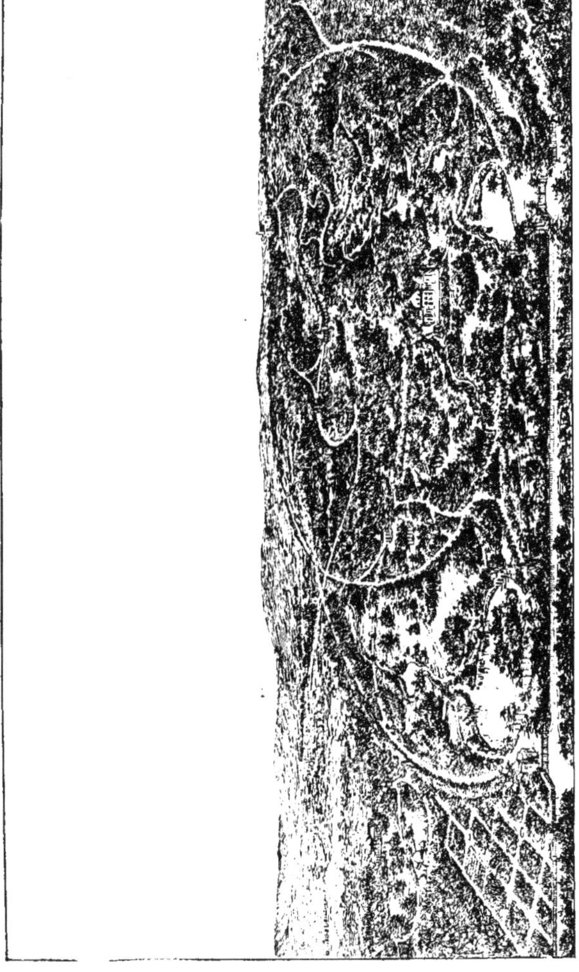

LE PARC DU BELVÉDÈRE
à Tunis

Dans ce pays tout récemment ouvert aux Européens, où la température est toujours accablante, rien ne peut être plus attrayant et plus hygiénique qu'une promenade de plus de 112 hectares, à proximité d'un centre qui tend tous les jours à se développer. Les plantations donnent une ombre agréable et recherchée des promeneurs, elles s'imposent à cette température élevée sans compter le bien être répandu par les fonctions aériennes de tous ces végétaux.

Les eaux ont aussi leur utilité par la fraîcheur qu'elles répandent en favorisant, dans ces milieux, la végétation luxuriante. N'oublions pas non plus les charmes multiples que nous avons signalés plus haut, et dont elles sont l'objet. Enfin, les constructions les plus diverses, telles que le kiosque de musique, le casino, le restaurant, le jardin d'acclimatation, le jardin botanique et autres édicules charment les Européens qui s'expatrient, heureux de retrouver dans un nouveau pays tout ce qui peut leur rappeler les joyeux sites abandonnés.

De la création de ce parc, on peut conclure que la ville de Tunis en bénéficiera pour son agrandissement, et que les terrains limitrophes augmenteront forcément de valeur.

L'entrée principale, placée à l'extrémité du boulevard de Paris, est admirablement encadrée par la belle perspective que donne cette splendide voie plantée de palmiers.

Enfin, les points culminants ont été habilement disposés sous le double rapport des vues et des communications extérieures, répondant bien par leur nombre à tous les besoins.

LISBONNE

Le projet du parc de la Liberté, à Lisbonne, fut soumis au concours international en 1887, et nous valut la prime de 5,000 francs.

A Lisbonne comme à Tunis, la température exceptionnelle recommande tout naturellement une création de ce genre pour la promenade, la fraîcheur et la vivification de l'air. Ce parc, alliant l'utile à l'agréable, d'un caractère essentiellement pittoresque, donnait lieu à une splendide application;

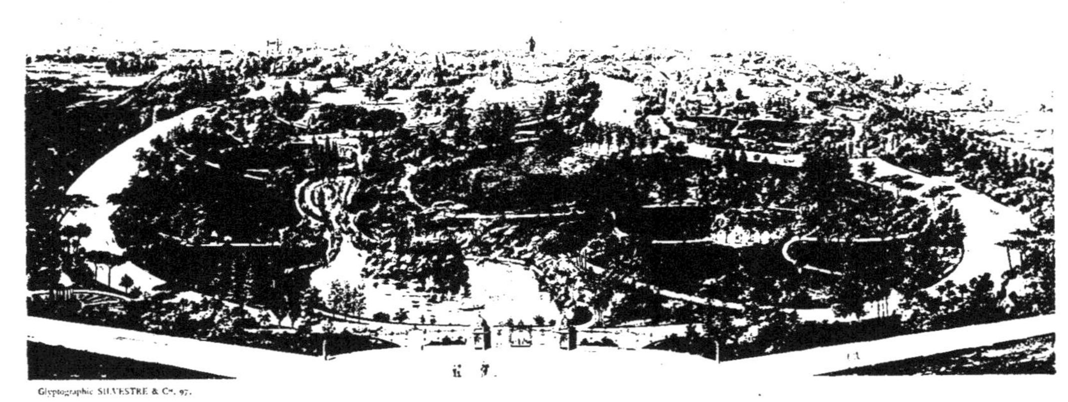

Glyptographie SILVESTRE & Cie. 97.

VUE PERSPECTIVE DU PARC DE LA LIBERTÉ A LISBONNE

malheureusement, les fonds ne purent être votés par la municipalité et les travaux sont encore à l'état embryonnaire.

Le plan que nous reproduisons ici démontre mieux que toutes les descriptions possibles le parti que nous avons cru devoir tirer d'un terrain, en bénéficiant de ses ressources et en étudiant ses besoins. La surface totale comprenait 33 hectares, dont une partie réservée au jardin zoologique et le reste entouré par une allée de ceinture de 35 mètres (largeur demandée par la municipalité).

Près de l'entrée principale, couronnant l'avenue de la Liberté, s'étend un immense lac au milieu duquel s'élève une masse de rochers surmontés d'un temple et relié au parc par un pont suspendu.

Du côté opposé à l'entrée se dresse la statue de la Liberté ; enfin, le restaurant, le casino, le pavillon de musique, les sources, grottes, cascades et les plantations offrent, dans ce projet, une heureuse distribution. Le tracé, minutieusement étudié, permet, sur ce terrain très accidenté, les courbes harmonieuses, la facile communication et les pentes relativement douces.

L'ÉCOLE MODERNE & SES CRÉATIONS

LES MAITRES DE L'ART

MM. ALPHAND ET BARILLET-DESCHAMPS

L'art des jardins paysagers, comme nous l'avons constaté, n'avait pas encore reçu le baptême de la consécration, malgré son existence déjà ancienne, avant la transformation magistrale de la Ville de Paris. C'est de cette époque que datent les premières assises de la fondation d'une Ecole avec des législateurs qui s'imposent. Varé ouvre la marche en creusant les lacs du Bois de Boulogne : sous un aspect beaucoup plus grandiose, viennent ensuite MM. Alphand, le transformateur par excellence, et Barillet-Deschamps, jardinier en chef de la Ville de Paris, deux noms respectés qui se complètent l'un par l'autre. Sous les heureuses inspirations, sous l'énergique impulsion de ces deux novateurs émérites, le genre paysager reçut des applications grandioses que nos artistes les plus autorisés se plaisent encore à admirer ; le Bois de Boulogne, le Bois de Vincennes, les Buttes-Chaumont, le parc Monceau, que nous venons de décrire, nous présentent les plus merveilleux spécimens d'une véritable métamorphose.

Pour bien constater les progrès que fit l'art des jardins, sous la poussée inspiratrice des grands travaux, et exposer, en les résumant, les règles et les principes qui servent de base à nos conceptions modernes, il nous suffira de rappeler, en faisant un retour momentané vers le passé, l'état précaire des idées de ce nouveau genre, malgré les progrès réalisés par les Thouin et les Bühler, dont nous avons parlé.

En effet, les allées, dont l'harmonie des courbes et le principe des raccords avaient été élaborés par Bühler, n'en recevaient que de lointaines applications, et en examinant quelques types de cette époque, il nous sera facile d'observer que les artères n'avaient d'autre but que la communication sans harmonie dans les courbes, et sans principes dans les raccords ; de plus,

P. BARILLET-DESCHAMPS (1824-1873)

Architecte de jardins.

leur multiplication souvent exagérée, morcelait le paysage en contrariant l'effet d'ensemble; l'allée de ceinture, bien qu'admise en principe, était généralement comprise et répondait rarement à sa destination.

Les vues, trop souvent limitées à l'examen des diverses parties du parc, étaient mal encadrées par les plantations, et quelques exceptions à ce vice de style permettaient seulement aux spectateurs de jouir des beautés du paysage environnant. Les ressources si multiples de la savante application des vallonnements étaient encore dans les ténèbres. Les plantations, presque toujours mal combinées, trop disséminées et trop faibles, produisaient l'effet d'une végétation disparate, sans harmonie, privée du charme captivant qui est le résultat des masses d'où se détachent quelques groupes ou isolés dont le rôle est de servir de transition, diviser les vues et les encadrer. La plantation ceinturant le parc avait fréquemment pour effet d'en restreindre l'étendue, au lieu d'augmenter la perspective par des percées savamment ménagées, afin de donner à la vue le vaste champ des beautés du paysage naturel. La décoration florale devait encore s'enrichir entre les mains des maîtres. Enfin, les eaux des sources, les rochers, les grottes, les ponts, les passages à gué et autres édicules reçurent également une application mieux comprise.

Malgré tout, les principes généraux de la composition des jardins étaient encore dans une période de tâtonnements, au milieu des progrès réalisés.

Si aux deux noms déjà cités, nous ajoutons celui de M. Laforcade, aussi indissolublement lié aux travaux de la ville de Paris que ceux de MM. Alphand et Barillet-Deschamps, et formant avec eux un véritable trio de maîtres, nous aurons rendu justice au digne continuateur des grandes œuvres, qui, avec une modestie qu'il tenait de ces chefs d'école, sut faire triompher un genre, le seul, le vrai qui soit parfaitement en harmonie avec nos idées modernes.

Un simple coup d'œil sur les récentes transformations du Trocadéro, du Champ-de-Mars, de la Butte-Montmartre, nous suffira pour admirer et contempler cette grandeur de conception, véritable domaine du beau, où toutes les lois de la nature sont consciencieusement observées, et pour bien mettre en relief les progrès de l'art des jardins jusqu'à nos jours; c'est ce qui nous amènera à relater l'état actuel de cet art avec ses règles et ses principes bien définis.

Les allées aux courbes harmonieuses permettent de parcourir le terrain dans toutes les directions, en bénéficiant de tous les avantages du site. Le raccord doit se faire sur les axes sans qu'il y ait heurt ou hésitation dans la direction ; le nombre doit en être strictement limité aux besoins, pour ne pas s'exposer à un morcellement exagéré, toujours préjudiciable à l'effet d'ensemble ; la largeur varie suivant les exigences de la situation et le relief naturel. Généralement, une large allée de ceinture à pente ne dépassant pas 6 ou 7 centimètres par mètre, embrasse la plus grande surface en communiquant à la maison d'habitation ; des allées secondaires d'une largeur moindre, et à pentes quelquefois un peu plus raides, facilitent l'accès des endroits les plus attrayants ; enfin, des sentiers de promenade mettent en valeur tous les détails du paysage, le bord des eaux, les parties boisées et celles accidentées. Quant à l'étude détaillée de ces artères, nous la ferons avec la description du parc public de Soissons.

Les vues, habilement ménagées sur les points les plus remarquables et sur les lointains, doivent être accompagnées par des plantations en massifs où en groupes qui en limitent le champ, de façon à les multiplier et à les varier autant que possible.

Les vallonnements aux lignes courbes et harmonieuses doivent désormais succéder aux surfaces planes et monotones des anciennes pelouses, en harmonisant l'ensemble de la surface vallonnée avec le mouvement général du sol, et en variant dans les détails. Soit pour les pelouses, soit pour les eaux, l'établissement en cuvette du centre du vallonnement est pour ainsi dire obligatoire. On fait communiquer le vallonnement avec les allées par des dépressions allongées entre les massifs et les corbeilles, sans cependant laisser apercevoir la surface jaune des allées qui doivent être dissimulées et suivre le mouvement du vallonnement. Il faut relier ensemble les diverses pelouses vallonnées pour obtenir un mouvement général qui amplifie l'étendue apparente des surfaces et permet au spectateur de jouir de l'œuvre dans son ensemble par des points de vue savamment ménagés : le reste se déroule en détails au fur et à mesure de la promenade.

Avec les terres des déblais, on augmente la hauteur des points élevés et des massifs d'arbres, d'arbustes, de groupes et des corbeilles de fleurs, tout en les raccordant avec les pelouses par des pentes harmonieuses.

Il ne faut jamais planter dans les parties vallonnées que le regard doit embrasser sans obstacle.

La distribution des eaux doit être appliquée conformément aux lois de la nature, c'est-à-dire dans des conditions analogues à celles où on les trouve naturellement, par rapport à la consistance et aux accidents du terrain : par conséquent, il faut leur faire suivre les points bas de la propriété, et sous une dimension en rapport avec la quantité qui peut y venir, l'étendue de la propriété et la résistance du sol. Les bords des ruisseaux et des rivières doivent être à sinuosités très douces sur les terrains plats et de moyenne consistance, à bords presque droits sur les terrains en pente plus raide, mais de même résistance, c'est-à-dire où la rapidité des eaux a fait disparaître les parties saillantes. Dans les pentes plus raides ou en terrain montagneux, les eaux courantes devront suivre des directions brusquement contrariées par les obstacles de certains rochers, les bords seront escarpés, dentelés, irréguliers, et lorsque ce petit cours d'eau arrivera dans la vallée, il reprendra immédiatement un aspect plus doux, s'élargira et serpentera en méandres gracieux, contournant çà et là quelques buttes ou massifs, pour suivre la pente du sol tout en laissant aux parties saillantes un niveau supérieur aux parties rentrantes.

Pas de rochers comme on en trouve si souvent dans les anciennes créations, l'effet en est toujours très disgracieux : quelques barrages avec ponts ou passages à gué jetés sans prétention donneront un peu de mouvement et seront motivés par de légères différences de niveau savamment étudiées pour cacher la main de l'artiste.

Les pièces d'eau, de même que les ruisseaux, répondant bien aux besoins du sol, changeront de dimension suivant l'étendue de la propriété et la quantité d'eau que l'on peut recueillir. Au fond d'une vallée à pente douce, les bords seront presque réguliers ; par contre, au fond d'un vallon à pentes escarpées, le contour sera formé de rentrants et de saillants assez brusques, les différences de niveau permettront d'obtenir d'imposants effets sans choquer le regard, et les eaux, dans leur limite supérieure, donneront l'illusion d'une courbe de niveau intermédiaire. Les rochers, ni trop petits ni trop multipliés, seront d'une dimension en harmonie avec la pièce d'eau et l'aspect de la propriété ; ils seront placés aux parties saillantes et seront les témoins de la résistance du sol, parfois aussi aux parties rentrantes, mais de moindre dimension, et marqueront le point d'arrêt de destruction des eaux.

Aux avantages multiples que présente l'heureuse distribution des eaux, il faut ajouter l'effet pittoresque des sources, des grottes, des rochers et des édicules divers que nous signalerons dans la décoration du parc public de Soissons.

Sans entrer dans les détails de la pratique, nous pouvons ajouter que les déblais des rivières et des pièces d'eau seront utilisés à hausser les points à planter, à doubler la dimension des masses destinées à donner un effet imposant, et à recevoir un kiosque ou un champignon, d'où le regard peut dominer l'ensemble du parc et s'étendre sur un admirable et lointain panorama. Ce sommet ainsi obtenu forme le motif du tableau, et s'y relie harmonieusement par les ressources de l'art ; placé au milieu des beautés artistiques, sous le charme de la nature dans ses plus belles manifestations, il est le point attrayant par excellence et semble jeter au delà des limites cette gracieuse perspective afin de la contempler encore dans le paysage naturel.

Les plantations forment, sans aucun doute, la base de l'ornementation dans une belle création ; à quoi serviraient, en effet, le tracé des allées, la distribution des eaux, si les plantations étaient mal combinées. Leur but est multiple : elles neutralisent le vent, donnent une ombre agréable, accentuent les vallonnements, étendent la perspective, divisent les vues et les encadrent ; en un mot, elles font merveilleusement bien ressortir le paysage.

Les plantations extérieures doivent masquer les limites tout en laissant des percées sur tous les objets extérieurs et remarquables, soit à l'aide d'arbustes taillés ou de sauts de loup. Dans l'intérieur du parc, disposées par massifs ou par groupes, elles ombragent, masquent les objets disgracieux et les carrefours. Elles présentent au promeneur les principaux attraits au fur et à mesure qu'il avance, de manière à varier le plus possible le paysage ; ces plantations, placées sur des éminences, accentuent les vallonnements, motivent les courbes et les changements de direction des artères, tout en accentuant les scènes imposantes et en les encadrant.

La dimension des masses, variable avec l'étendue de la propriété et le climat, ne sera plus exagérée, afin d'éviter la mélancolie et la monotonie produites par l'uniformité des promenades trop prolongées sous bois ; ces masses ne seront pas trop divisées ni trop disséminées non plus, car alors elles annihileraient l'effet d'ensemble si recherché dans nos créations modernes.

Les divers groupes placés en coulisses successives étendent la perspective ; les grands arbres, imposants par leur port et d'un feuillage remarquable, sont placés près de l'habitation et servent de repoussoir aux arbres et arbustes de moindre dimension qui masquent les murs et semblent s'éloigner.

Les groupes sont employés de préférence à l'intérieur de la propriété, car ils produisent les mêmes effets que les massifs, tout en laissant beaucoup plus d'air et de lumière.

Quelques groupes, sur les contreforts et sur les pentes des masses, sont placés sur une légère éminence au-dessus du niveau de la pelouse, et servent de transition aux massifs, tout en mouvementant les pentes. La composition des massifs, secondée par les ressources inépuisables de l'horticulture, peut être étudiée pour toutes les circonstances particulières et donner des résultats tout à fait remarquables.

Les arbustes à feuilles caduques, jetés de côté et d'autre, au milieu des arbustes à feuilles persistantes, fleurissent pendant la belle saison, égayant ainsi l'impression générale ; les arbustes à feuilles persistantes garnissent pendant toutes les saisons et donnent toujours de la verdure ; on harmonise autant que possible les coloris plus ou moins sombres, et le port plus ou moins léger de ces plantes ; enfin, on tient compte du climat, du sol, de l'exposition et du développement probable des diverses essences.

L'horticulture, comme nous l'avons constaté plus haut, dans un domaine réellement féerique, a marché à pas de géant depuis quelques années, nos horticulteurs ont accompli de véritables tours de force ; nous en dirons ici quelques mots.

L'art des jardins, dans son ornementation et dans ses plus belles créations, n'est pour ainsi dire que la résultante du développement horticole ; non seulement l'horticulture a augmenté, varié et enrichi sans cesse nos espèces indigènes, mais elle a mis à contribution toutes les parties du monde, en faisant un choix minutieux des plus belles plantes exotiques : celles provenant des climats peu différents du nôtre se sont bien acclimatées chez nous et y végètent en plein air et en pleine terre, comme dans leur patrie; d'autres font les délices de nos décorations estivales, en attendant un abri hivernal. Enfin, d'autres, celles-là sont les véritables pensionnaires de la serre, ne sortent jamais et font l'admiration de tous.

N'oublions pas non plus les pépinières fruitières et d'ornement, qui fournissent chaque année des millions de spécimens toujours beaux et variés, pour agrémenter nos nouvelles créations et contribuer à leur embellissement.

Les expositions, les sociétés d'horticulture et les ouvrages spéciaux ont vulgarisé le goût des fleurs et des plantes, en stimulant les efforts des horticulteurs.

Si, avec les quelques notes ci-dessus qui nous paraissent résumer la législation actuelle de l'art des jardins basée sur des principes fondamentaux, nous citons les plus récentes créations : le Trocadéro, le Champ-de-Mars et la Butte-Montmartre, qui furent dessinés par M. Laforcade, et exécutés sous sa direction, nous aurons nommé de grands artistes et de belles œuvres.

LE TROCADERO

Le Trocadéro reçut ses premiers embellissements en 1866, fut modifié lors de l'Exposition Universelle de 1878 et transformé en 1879-1880, il devint tel que nous le voyons encore aujourd'hui.

Dans cette œuvre magistrale, M. Laforcade prouva ce que peut un artiste consommé, merveilleusement doué du véritable sentiment du beau; les nombreuses créations qu'il dirigea s'imposent à l'admiration de tous. Dans sa manière, chaque conception se caractérise par un cachet bien personnel.

Comment ne pas citer le rocher avec sa source, dans une anfractuosité du rocher, à droite du Trocadéro, complétant le mur de soutènement des terres du parc du comte Armand.

Cette masse imposante, aux blocs énormes, heureuse interprétation des bancs gypseux du sol parisien, est à la fois si grandiose, si pittoresque et si naturelle par sa composition et par son exécution tellement artistiques, que la main de l'homme disparaît absolument; de plus, elle est mise en valeur par le terrain avoisinant qui l'appuie. Une passerelle en fer permet au promeneur d'examiner cette masse en détails, en écoutant le murmure des eaux qui impriment à cette scène un caractère spécial.

Du même point, on peut admirer à loisir la vallée sillonnée par le cours d'eau où se succèdent les ponts, les rochers, les cascatelles et les plantations les plus variées. En suivant la petite rivière qui serpente au pied du mur de soutènement, on peut, à quelques pas plus loin, contempler cette œuvre grandiose que le temps a rendue absolument naturelle, si nous ajoutons à cette scène les effets d'une végétation en harmonie avec le paysage, nous aurons assurément présenté l'une des plus belles créations du genre;

c'est une véritable course des lierres, des viornes, etc., s'échappant çà et là des anfractuosités, à travers les rochers, ou s'accrochant parfois aux pieds de quelques yuccas, iris ou bambous du plus naturel effet. Enfin, un peu en avant, pour agrémenter la partie basse et donner à ce lieu l'aspect le plus imposant et le plus pittoresque, quelques arbres, des ormes, des saules, des peupliers pleureurs, des tilleuls aux reflets argentés, des

ROCHERS ET SOURCE
[illegible]

peupliers d'Italie, des cypres, semblent bien là à leur place et repondent merveilleusement à l'impression générale.

Le mur de soutènement, constitué, ainsi que les rochers, par des imitations de bancs de gypse, en partie couvert par des forsythia suspensa, des lierres et des clématites, est l'imitation parfaite de la nature. A son extrémité, sur le boulevard Delessert, au point où la propriete du comte Armand forme un angle saillant, s'élève un rocher de plus de 12 metres de hauteur, qu'un escalier taillé dans le roc permet d'examiner en détail; la hardiesse des saillies de ces blocs, la disposition artistique des sombres anfractuosités de ces rochers donnent à cette imposante masse l'expression même de la nature. Çà et là croissent des plantes sauvages, des buis, des aucubas, des cratœgus, des houx frelons, des épines-vinettes, des lierres,

LA GROTTE
(Parc du Trocadéro)

des forsythia, des clématites, des yuccas, des bambous, des iris, etc., qui viennent animer cette scène naturelle par l'originalité de leurs formes et par la variété des coloris de leurs feuilles et de leurs fleurs.

Quel site enchanteur que cette partie du Trocadéro. Quelle unité de vue dans cette belle conception artistique. On rêve en la contemplant.

LE CHAMP-DE-MARS

Le Champ-de-Mars, ancien champ de manœuvres militaires, fut transformé pour l'Exposition Universelle de 1889 et devint, après sa fermeture, une promenade très attrayante pour les habitants des quartiers avoisinants ; les courbes harmonieuses de ses allées secondaires viennent se raccorder avec un charme tout particulier sur les vastes avenues et les

LE LAC
Parc du Champ-de-Mars

terrasses ; celles-ci, indiquées pour les foules nombreuses, sont d'un heureux effet dans l'encadrement des splendides constructions, on admire ses gazons verdoyants et légèrement ondulés, sur lesquels glissent, de tous les points, des vues sur les scènes et sur les motifs décoratifs toujours variés. Enfin, quelques plantations, savamment disposées en massifs ou en groupes, viennent accompagner les glorieux vestiges du passé, hardis monuments ou admirables objets d'art.

LA BUTTE-MONTMARTRE

La Butte-Montmartre, par sa situation essentiellement pittoresque d'où l'on peut embrasser tout Paris, ses grandes dimensions et l'arrangement de ses plantations spéciales, promet d'être un des parcs les plus

ROCHERS PRÈS DE L'ENTRÉE
(Parc des Buttes-Montmartre)

intéressants de la Capitale, et pourra certainement être mise en parallèle avec les Buttes-Chaumont. Aussi, malgré les difficultés à vaincre devant un terrain aussi accidenté et aussi aride, nous verrons bientôt, dans toute sa splendeur, cette création d'un caractère tout particulier, qui sera, pour les habitants de ce quartier, le lieu de prédilection où ils viendront goûter un peu de repos et de bien-être.

MUR DE SOUTÈNEMENT EN ROCHERS
(Parc des Buttes-Montmartre)

En dehors des avantages multiples dont nous parlerons tout à l'heure, nous y verrons triompher une fois de plus les idées aujourd'hui consacrées et le talent des maîtres dont nous nous honorons d'être les élèves.

TROISIÈME PARTIE

L'UTILITÉ DES PARCS PUBLICS

Nous voudrions, dans le présent chapitre, prouver l'utilité indiscutable des parcs publics au double point de vue de l'hygiène et de l'assainissement des villes. Ces questions sont à l'ordre du jour; il y a donc un intérêt capital à les étudier. De tout cet exposé, on peut conclure que, dans tous les temps et chez tous les peuples, on s'est attaché à s'entourer de jardins où paysages artificiels, en harmonie avec le bien-être et l'état de la société dans laquelle on se trouvait. De nos jours, le parc public s'est vulgarisé en répondant merveilleusement bien aux besoins de notre existence. Dans les villes industrielles, la création des promenades publiques est devenue une nécessité : depuis le riche jusqu'au modeste prolétaire, auquel le luxe d'un jardin est interdit, chacun éprouve l'impérieux besoin de fuir les quartiers bruyants où l'air est forcément vicié, pour trouver un lieu de repos où l'on respire à pleins poumons un air pur, et cela sans un déplacement qui oblige à des frais de transport. L'utilité des jardins publics n'est, en effet, pas contestable ; c'est une œuvre d'art et d'utilité intimement liée à nos mœurs actuelles.

Considérons cette agglomération d'habitants entassés dans des logements insalubres, où l'espace a été parcimonieusement mesuré, où l'air, qui se renouvelle à peine, est immédiatement vicié par les émanations de gaz délétère. Représentons-nous bien les conditions d'existence de ces familles souffreteuses, plus sujettes que d'autres aux maladies contagieuses, aux fièvres pernicieuses, et nous comprendrons bien qu'il est de la plus haute importance d'ouvrir de larges voies bien plantées, et de créer des jardins remplis d'arbres, d'arbustes, de fleurs et de verdure, qui, tout en procurant une ombre agréable aux promeneurs satisfaits, annihilent très heureusement cette masse d'air impur en rendant aux habitants la libre fonction de leurs poumons ; c'est la résolution d'un des plus grands problèmes de l'hygiène, c'est un bien-être profitable à tous.

L'importance hygiénique et philanthropique de ces créations saute aux yeux, non seulement pour les incontestables services qu'elles rendent par leurs fonctions aériennes, mais bien aussi comme promenades indispensables aux vieillards et aux enfants. Ce sont des lieux de verdure et d'ombrage, de gaîté ou de recueillement, suivant les tempéraments ; c'est là que l'ouvrier, du plus pauvre au plus aisé, vient se délasser à loisir les membres et l'esprit, en oubliant momentanément, par les charmes et le bien-être que procure ce site, les préoccupations et les peines quotidiennes.

Une œuvre bien étudiée, bien traitée, ne nous fournit-elle pas tous les éléments qui sont les bases de nos besoins les plus pressants ? Nous croyons que l'évidence est trop indiscutable aux yeux de tous pour nous y arrêter ; il nous suffit donc de rappeler que les principes généraux de la composition des jardins modernes reposent sur l'étude absolue de la nature qui nous enseigne les moyens de la reproduire dans ses manifestations les plus belles, les plus agréables et les plus pittoresques. Quelles merveilleuses ressources nous offre l'art des jardins, depuis les grandes artères aux pentes les plus douces, aux contours les plus harmonieux, jusqu'aux chemins les plus escarpés aux contours les plus brusques, hérissés de rochers au milieu desquels ils se dissimulent pour atteindre les plus hauts sommets et dominer un vaste panorama. Tout collabore à l'effet général, depuis les plus agréables ondulations jusqu'aux plus imposantes scènes, aux rochers les plus abrupts. Toute la nature nous offre ses splendeurs et toute la gamme de ses créations, depuis la plante la plus frêle et la plus ténue jusqu'aux plus grands arbres forestiers, qui, de leur taille imposante, semblent dominer en maîtres, en répandant autour d'eux leurs bienfaits. Ce sont autant de citations qui peuvent se multiplier à l'infini et donner à tous les âges, à toutes les classes et à tous les tempéraments le charme, la gaîté et le bien-être. Les salles de verdure et les ronds-points feront le bonheur des bébés et des gouvernantes qui pourront jouir d'un peu de tranquillité. Les grandes allées permettront aux riches l'exhibition des beaux équipages et des toilettes tout en respirant l'air pur. Les allées secondaires assez ombragées et isolées seront les lieux tranquilles recherchés par les vieillards et les promeneurs pensifs. Enfin, les vues savamment ménagées feront la surprise et l'admiration de tous. Les grottes, rochers, cascades, barrages, ruisseaux, lacs, seront autant d'attraits qui bien souvent nous rappelleront les doux souvenirs du passé et nous rendront joyeux. Ici, tous les âges et tous les tempéraments y trouveront un motif de douce rêverie, et tous rentreront heureux et contents de leur sortie, se promettant d'y revenir au plus tôt.

La question des dépenses, qui, malheureusement, fait quelquefois obstacle à la création d'un parc public, n'existe réellement qu'en apparence ; ce n'est qu'un sacrifice momentané, et lors même qu'il devrait en résulter un peu de déficit pécuniaire, il n'y aurait pas, selon nous, à hésiter un seul instant devant une question d'hygiène aussi capitale, quand la santé est en jeu. Paris, la ville-soleil, nous donne, par la création de ses splendides promenades, des exemples grandioses depuis 1853, et les chiffres que nous allons exposer nous démontreront par leur éloquence que ses opérations ont été fort prospères.

Citons au hasard le bois de Boulogne et le parc Monceau.

Le bois de Boulogne coûta pour achat d'immeubles réunis au bois, parc de Madrid, plaine de Longchamps	6.878.168 50
Travaux du bois.	7.473.836 45
Ensemble	14.352.004 95
Sur cette somme, l'Etat lui donna pour participation des dépenses de l'établissement de l'Hippodrome de Longchamps	2.110.513 27
La vente des terrains déjà réalisée, celle restant à faire, calculée sur les prix que l'on a déjà obtenus des parcelles vendues, ainsi que les autres recettes diverses, doivent donner.	8.779.365 22
Total.	10.889.878 49
De telle façon que la Ville de Paris a pu établir un parc de 846h05a39c pour.	3.462.126 40

Cet exposé sommaire donne une idée de l'importance des travaux qui exigèrent une dépense considérable, en grande partie couverte par les aliénations de terrains. Cette opération a donc été avantageuse, puisqu'avec cette somme elle a pu créer pour ses habitants une merveilleuse promenade, dont la renommée attire en France une foule d'étrangers et devenir propriétaire de cet immeuble.

Dans les communes avoisinantes, Passy, Auteuil, Neuilly, Puteaux, Suresnes, Saint-Cloud, Boulogne, où les terrains valaient avant cette création 1 fr. 50 à 6 francs le mètre, ils se vendent aujourd'hui de 20 à 300 francs.

Un second exemple, non moins éloquent : le parc Monceau, exécuté par le banquier Pereire, sous la direction des ingénieurs de la Ville, fournit dans ses lotissements une plus-value considérable ; ainsi, les terrains, dont la valeur n'atteignait pas, parmi les mieux situés, 10 francs le mètre, valent aujourd'hui de 4 à 500 francs.

D'autre part, n'oublions pas que beaucoup des parcs publics futurs, devant être établis à l'emplacement des fortifications, pourront être créés en préparant de grandes surfaces pour le lotissement, avec une dépense moindre que celle que coûterait le remblai ; c'est à considérer.

Reste alors la question d'entretien, généralement peu élevé et qui ne peut vraiment pas entrer en balance avec les avantages multiples que procurent ces créations.

PROJET DU PARC PUBLIC DE SOISSONS

LE STYLE RÉGULIER

Avant de commencer la description du projet du parc public que nous soumettons à la Ville de Soissons, nous croyons devoir nous élever contre une expression viciée et fréquemment employée, pour désigner les parcs et jardins paysagers ; nous voulons nommer l'épithète de « *Jardins irréguliers* ».

Si de nos créations modernes ont été bannies la symétrie méthodique et l'uniformité, ce n'est pas pour donner naissance à l'irrégularité, mais bien à un style régulier varié, en harmonie avec le site, et parfaitement conforme aux préceptes que nous enseigne l'étude de la nature, dont il n'est que la reproduction dans ses plus belles manifestations.

En effet, si nous examinons les jardins que nous venons de citer, le Champ-de-Mars et le Trocadéro, deux choses nous frappent : la parfaite régularité de chacune des parties du paysage et leur raccord très harmonieux avec les terrasses et les vastes avenues à la française. L'art des jardins paysagers n'est donc pas du tout fantaisiste, il est au contraire basé sur des règles et des principes qui sont le résultat d'une étude approfondie et de la pénétration intime des buts variés et multiples que doivent atteindre les créations de ce genre. Après une analyse scrupuleuse du terrain dans les moindres détails, traiter minutieusement chacune des parties et les faire coopérer à l'effet d'ensemble en vue de l'harmonie générale, telles sont les conditions essentielles desquelles sont nés les principes qui assurent à l'artiste la sécurité et le succès. Il faudrait des

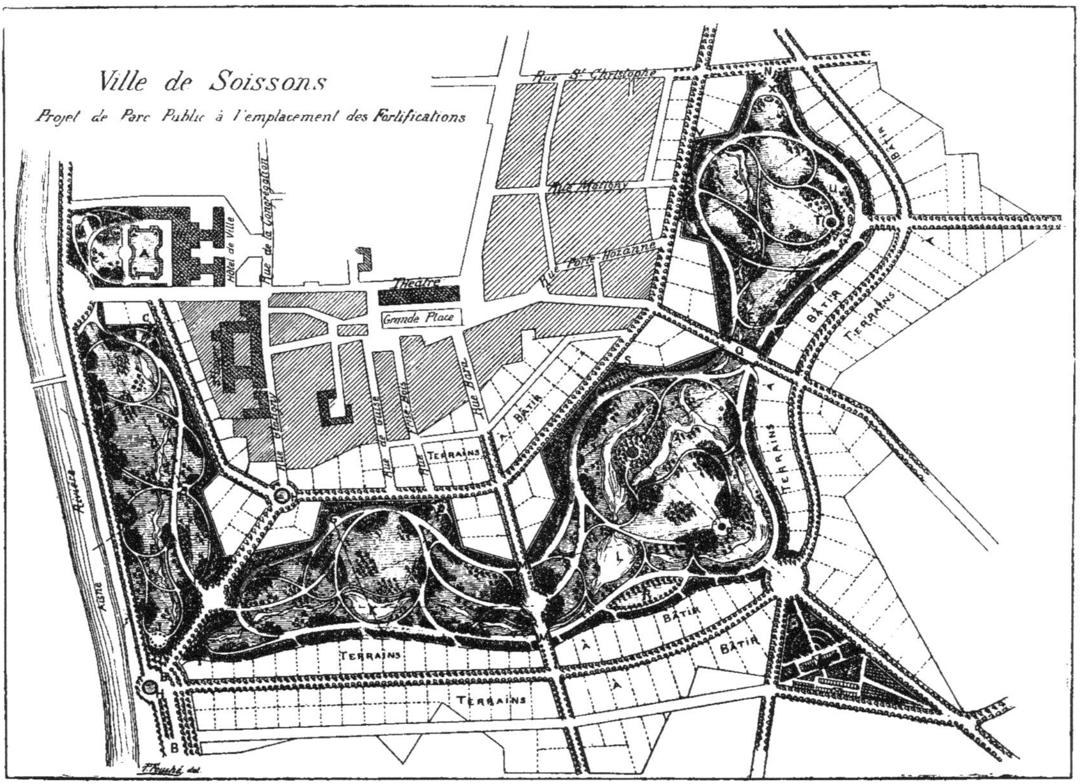

LÉGENDE DU PARC

A. Jardin de l'Hôtel de Ville; B. Promenade du Mail; C. Source; D. Ruisseau; **E.** Ponceau; F. Abri; G. Salle d'ombrage; H. Grande corbeille de fleurs; I. Rochers; J. Salle verte; K. Lac des patineurs; L. Lac; M. Ponts; N. Entrée; O. Pavillon de musique; **P.** Belvédère; Q. Pont; R. Grande pelouse pour jeux; S. Salle de jeux; T. Pavillon; U. Rochers; V. Source; X. Concierge.

volumes pour définir toutes ces règles, en présentant tous les cas particuliers, et en les traitant suivant les circonstances naturelles de la configuration des contours, du relief, tout en visant le but à atteindre. Savoir bien tirer parti des ressources qui se présentent, bien les mettre en valeur, sans jamais transformer l'aspect général, tel que nous l'avons dit au chapitre précédent.

Si quelques scènes, telles que grottes, rochers, sources, cascades, par leurs lignes dures, brisées, saillantes ou brusquement rentrantes, présentent tout naturellement, plus que n'importe quelle partie du parc, un aspect irrégulier, nous les appellerons plus justement scènes imposantes ou pittoresques et leur disposition n'en sera pas moins régulière, à la condition d'être traitées par d'habiles artistes dont la constante préoccupation sera d'embellir le site, en aidant la nature par les ressources de l'art tout en masquant le travail du paysagiste. Nous ne sommes plus dans la période des tâtonnements des débuts, où l'excès dans lequel on était tombé en bannissant la symétrie fut la cause de tant d'insuccès et de dénominations appropriées à cette époque, mais qui, de nos jours, n'ont plus leur raison d'être.

Sans vouloir considérer sous une forme trop avantageuse les compositions, partie à la française et partie en paysage, nous reconnaissons néanmoins que dans certains cas cette combinaison est fort heureuse, étant appliquée dans d'immenses propriétés et surtout pour les parcs publics où les fêtes amènent nécessairement une grande foule. On réunit ainsi l'utile à l'agréable sous une forme très pratique. Les abords d'une somptueuse construction sont fort heureusement traités par une partie à la française, surtout si les pentes permettent l'établissement d'une terrasse d'où partent les principales vues. Les dimensions, bien entendu, doivent être subordonnées à celles de l'habitation qu'elles doivent encadrer sans paraître mesquines, pas plus qu'elles ne doivent en atténuer la valeur.

L'EMPLACEMENT

Notre étude sur les parcs publics, nos idées et les principes que nous venons d'exposer peuvent trouver une heureuse application dans la description du projet du parc de la ville de Soissons.

L'établissement d'une œuvre de ce genre, comme nous la comprenons, après l'avoir étudiée, offre une ravissante promenade au public, par suite de sa proximité de la ville, de sa topographie, du relief et des accidents multiples qui en varient les aspects. Tout l'ensemble en un mot concourt bien, au point de vue de l'emplacement, à la création d'un parc. La Ville de Soissons s'étant trouvée déclassée parmi les places fortes, comme le seront, du reste, beaucoup d'autres villes, on commença la démolition des fortifications. Les trois quarts environ furent remblayés. Ayant eu l'occasion de parler de ces travaux à quelques personnalités dévouées aux intérêts de la Ville, nous leur fîmes entrevoir que la partie restante s'accommoderait merveilleusement bien à la création d'un parc public. Sur leur avis favorable, un projet fut étudié dans cet ordre d'idées et remis quelques temps après (automne 1888).

Examinons rapidement le terrain, en rendant compte en quelques mots du meilleur parti qu'il a été possible d'en tirer. Ce terrain, situé dans toute la partie circulaire comprise entre la rue Saint-Christophe et la rue de la Paix, présente le relief et la forme ordinaire des fortifications. C'est une longue bande d'environ 72 hectares de superficie, formée de bastions, ouvrages avancés et fossés. Dans le bas de ceux-ci coulent des eaux vives provenant de sources mises à découvert lors du creusement. Ces eaux sont naturellement indiquées pour former des rivières et des lacs.

Du côté de la ville, les murs seront conservés, pour limiter le parc. Disparaissant sous des plantations, leur présence ne nuira pas à l'effet, et les travaux de démolition, toujours assez considérables quand il s'agit d'anéantir de pareils ouvrages, seront ainsi évités. Les bastions seront divisés en lots et disposés pour construire. Nous verrons plus loin l'étendue détaillée du lotissement.

DIVISION DU TERRAIN

Le parc semble divisé en quatre parties par suite de la distribution des grandes voies de communication. Pour cette raison, le passage de ces grandes voies sur le parc a motivé l'établissement de plusieurs ponts, en nous laissant libre toute communication.

La première de ces parties, celle qui longe la rivière l'Aisne, se confond en quelque sorte avec la promenade du Mail, en l'agrémentant sur son parcours et forme avec la rivière un délicieux contraste. Planté d'essences rustiques et forestières, cet endroit nécessitera moins de surveillance; aussi nous dispensons-nous d'en limiter les abords.

Tandis que les trois autres parties, ornementées de nos plus belles essences indigènes et exotiques, ainsi que les abords du lac, seront traités avec le plus grand soin. Dans ce but, ces parties seront limitées, d'un côté, par le mur conservé, d'un autre côté, par les terrains construits; des grilles borderont les boulevards. La clôture du parc ne nécessitera qu'une faible dépense.

CONSIDÉRATIONS GÉNÉRALES

Les villes qui ont déjà établi des parcs dans leurs fortifications ont eu généralement le tort de remblayer les fossés avant de créer leur jardin. C'est une double faute. Elles s'exposaient ainsi à des dépenses très exagérées et se privaient de l'effet pittoresque tant recherché.

Devant un terrain accidenté, le paysage est forcément mieux indiqué que sur un terrain plat; on a donc tout intérêt à conserver au terrain son aspect mouvementé, même en l'accentuant s'il y a lieu.

Pourquoi n'établirait-on pas une sorte de vallée suisse, toujours si pittoresque, sillonnée par les eaux avec leurs rochers, cascades ou cascatelles, ponts, etc., au milieu desquels le doux murmure des ondes gazouille si harmonieusement avec les frêles plantes en bordure doucement agitées par le souffle du vent?

Pourquoi ne créerait-on pas ces admirables versants où s'étalent dans leur splendeur féerique les fleurs aux coloris les plus éclatants au milieu d'un frais et verdoyant gazon? Enfin, pourquoi ne s'efforcerait-on pas d'obtenir ces scènes aussi imposantes, où les grands arbres semblent dans leur véritable patrie, où leur rôle bienfaisant se manifeste dans toute sa majesté, où du haut de leurs sommets, ils paralysent l'ardeur des rayons solaires, grâce à leur ombre protectrice.

Indépendamment des bastions existent quatre ouvrages avancés formant des buttes utilisables. Le premier de ces ouvrages, situé près de la rue Glatigny, nous servira pour faire passer un boulevard, qui reliera par cette rue la ville et le parc à la promenade du Mail. Le second sera utilisé de la même façon pour un boulevard traversant le parc. Le troisième offre un emplacement des plus heureux pour un belvédère. De ce point, en dehors des scènes du parc, de ses eaux, de ses plantations du côté de la ville et de ses principaux édifices, la vue embrasse au loin la campagne et les riants coteaux de Vauxrot.

Le quatrième est entouré de murs, on y installera un kiosque-abri. Cette butte sera motivée par des rochers. Quelques coups de mine et la main du rocailleur donneront bientôt l'illusion de la nature.

En résumé, pour le parc lui-même, adoucir les angles des ouvrages avancés, enlever les parapets, et conserver au terrain son aspect pittoresque et naturel.

LES BOULEVARDS

Dans toutes les créations de ce genre, le but à atteindre est d'obtenir de larges voies de communication et d'accès facile. Un grand boulevard planté d'arbres partant de la rue de la Paix longera intérieurement le mur des fortifications, excepté à l'emplacement des bastions, qui, débarrassés de leurs buttes, seront mis de niveau avec les terrains de la ville et offriront une position très favorable aux constructions.

Ce boulevard se continuera ainsi jusqu'à la rue Saint-Christophe et sera susceptible d'une prolongation dans les terrains remblayés des fortifications démolies. Sur ce boulevard circulaire viendront se raccorder les rues de Glatigny, de Guise, Frise-Bois, Bara et Matigny, qui, prolongées, laisseront entre elles environ 80 lots de terrains à bâtir. Trois de ces rues sont prolongées en boulevards traversant le parc et passant, comme nous l'avons dit plus haut, sur les bastions et les ouvrages avancés. Le premier reliera le parc au Mail ; sur la butte, un rond-point formera l'une des entrées principales. Le second va rejoindre le chemin de Saint-Crépin, et donne, par ce côté, accès dans la ville et le nouveau quartier. Une entrée est encore ménagée sur ce boulevard. Près du troisième bastion, un pont de rochers relie la ville avec le dehors, et se prolonge par une avenue plantée.

La rue Saint-Christophe se continue en boulevard ; de là, un autre ceinture extérieurement le parc et va rejoindre la promenade du Mail. Ce grand boulevard planté relie tous les autres et dessert toutes les propriétés. Celles qui le bordent près du parc auront accès des deux côtés.

En face du belvédère, sur un grand rond-point, est une des entrées principales. Une grande avenue fait suite et va rejoindre le chemin de Saint-Crépin.

Près du Mail, le boulevard extérieur se termine en un rond-point motivé par une statue. Ce boulevard formera, en même temps qu'une large voie de communication, une des belles promenades de la Ville. Les maisons, bâties à environ 10 mètres de la limite, donneront une largeur fictive de moitié supérieure à celle du boulevard, tout en prodiguant aux promeneurs une plus grande somme de verdure et de fleurs; et de plus, avec les coquettes villas échelonnées sur son parcours, l'ensemble sera des plus variés et des plus agréables.

LE LOTISSEMENT

La distribution des boulevards et la question du lotissement sont connexes dans la plupart des cas. Cette tâche, qui présente bien des difficultés, incombe à l'architecte-paysagiste et ce n'est pas la moins importante dans la création d'un parc public. C'est d'ailleurs une occasion pour la ville de réaliser quelques bénéfices, par suite de la plus-value que donne au terrain le voisinage des parcs.

En consultant nos plans, on verra l'importance que nous avons donné à ce lotissement. C'était pour nous un point capital, et nous avons cherché, par tous les moyens possibles, à en rendre la distribution agréable et par cela même à donner de la valeur au terrain.

L'usage de joindre des propriétés particulières aux parcs publics, a pris naissance au Parc Monceau, comme nous l'avons signalé plus haut : aujourd'hui l'expérience est faite : là, les propriétaires riverains ont accès dans le parc par de petites allées dissimulées par les plantations analogues à celles que nous avons projetées. Il en résulte une illusion de grandeur et une augmentation de perspective dont bénéficient simultanément le parc et les propriétés voisines. De tels avantages ne seront certainement pas méconnus, et la valeur intrinsèque de ces terrains se trouvera par conséquent de beaucoup augmentée. Les lots situés de l'autre côté du boulevard, n'en auront pas moins la vue sur le parc, étant donnée la surélévation de cette partie et le nombre des vues ménagées entre les constructions des villas opposées.

Les lots occupant l'emplacement des bastions ont, naturellement, le plus de valeur; se trouvant en pleine ville et jouissant de la vue du parc et de la campagne, ils seront dans une position exceptionnelle de bien-être, de commodité et d'agrément.

Tous les lots, sans distinction, bénéficieront également d'un terrain solide, nécessitant peu de frais de fondations, ce qui n'existerait pas si le terrain avait été remblayé.

Dans les glacis, sur les limites extérieures, la création de nouvelles rues occasionnerait quelques emprunts sur des propriétés voisines ; des échanges pourront avoir lieu sans inconvénient entre la Ville et les propriétaires, ces emprunts seront d'ailleurs d'une minime importance, puisqu'ils ne porteront que sur de petites surfaces.

En agissant ainsi, nous avons ainsi pu former 230 lots d'une surface totale d'à peu près 28 hectares, et 10 hectares environ de boulevards et de rues. Enfin, il nous reste 32 hectares à transformer en parc ; nous allons essayer d'en décrire les grandes artères et de faire ressortir les avantages des principaux massifs, tant au point de vue pittoresque ornemental qu'au point de vue économique.

LE PROJET DU PARC — ALLÉES ET SENTIERS

Les artères servant à la promenade se divisent en allées carrossables principales et secondaires, en allées réservées aux piétons et en sentiers. De leur forme, de leur position et de leur distribution bien comprises naît le caractère et l'harmonie du tracé. En effet, toutes les parties doivent être rigoureusement étudiées; chaque allée a son motif de conception et son but à atteindre ; les courbes en sont gracieuses et réservent à chaque pas l'apparition d'une vue agréable et variée. Leur raccord a toujours lieu sur l'axe, sans jamais offrir de heurt ni de contrariété dans la promenade. Nous insistons tout particulièrement sur ce point, parce qu'il nous paraît présenter un intérêt spécial ; en effet, si le raccord est bien conforme aux principes ci-dessus énoncés, les carrefours sont réduits à leur plus simple expression, et le promeneur a toute facilité pour parcourir les moindres endroits, sans jamais s'inquiéter de sa direction, qui lui est tout naturellement dictée par la disposition relative des allées et par leur largeur.

Glyptographie SILVESTRE & Cie.

VUE PERSPECTIVE DU PARC PUBLIC DE SOISSONS

Une grande allée de ceinture parcourt le parc dans ses plus grandes dimensions et communique facilement aux boulevards extérieurs de la ville ; elle sera maintenue presque horizontalement sur tout son parcours, et légèrement relevée avec l'emploi des terres provenant de la démolition du parapet. Par cette heureuse disposition, elle dominera la partie centrale du parc, accentuera les vallonnements et permettra l'effet d'une admirable perspective beaucoup plus vaste.

De nombreux débouchés sont ménagés aux endroits les plus fréquentés des allées carrossables et cavalières, de façon à éviter les encombrements et le stationnement des promeneurs.

Les ponts répondent bien aux exigences des principales artères et offrent deux grands avantages ; tout d'abord, la promenade se fait ininterrompue dans tout le parc en passant sous des ponts de roches indispensables aux boulevards. Ces roches, savamment placées et agrémentées de plantations saxicoles, offrent un cadre des plus pittoresques et des plus agréables, au milieu duquel se déroule, sous une lumière plus vive, tous les charmants détails de l'une ou l'autre des parties.

Enfin, la disposition d'une allée principale, réunissant en une pente douce les boulevards à l'allée de ceinture, donne aux promeneurs toutes les facilités possibles de communication.

Les allées secondaires traversent le parc en divers endroits et relient l'allée de ceinture, multiplient les promenades et les vues, et conduisent tout naturellement les promeneurs auprès des sujets les plus intéressants. Chaque morcellement de terrain, embelli conformément aux ressources de l'art, chaque chose bien à sa place, les faire valoir par les plantations et en jouir par les vues et les allées, tel est le but que nous poursuivons.

Les sentiers permettent de suivre le cours capricieux des ondes, de les traverser au moyen de petits ponts rustiques pittoresquement jetés, et de bénéficier de tous les détails de scènes toujours variées aux différentes heures de jour, suivant les combinaisons de la lumière, et aux différentes saisons. Ce sont les promenades indiquées des explorateurs amateurs de beaux horizons, parce qu'ils leur permettent de gagner le belvédère et d'admirer les beautés multiples et variées d'un splendide panorama qui se déroule de toutes parts.

Soumises aux mouvements accidentés des vallonnements, ces voies de communication sont artistement dissimulées et ne choquent jamais l'œil par une partie sablée.

Des plantations de groupes bien ordonnées les rendent ombragées et agréables par les vues qu'elles leur ménagent ; enfin, toutes sont en pente douce et par conséquent d'un accès facile, sans rien enlever au caractère pittoresque du parc.

Leur parcimonie intelligemment calculée n'altère en rien la perspective, évite les morcellements désagréables des pelouses, et le bel ensemble de ce grand tableau peut ainsi se manifester dans toute sa splendeur.

LES EAUX

Si, dans les parcs et les jardins particuliers, les eaux constituent un ornement bien appréciable et de plus en plus goûté, elles sont, ne l'oublions pas, pour ainsi dire obligatoires dans un parc public, en raison de leur utilité et bien souvent on a recours à des moyens artificiels pour l'alimentation des rivières et des lacs dont la création s'impose.

A Soissons, nous sommes en présence de sources naturelles dont nous avons tiré le meilleur parti possible. Ces sources, placées aux deux extrémités, se présenteront avec quelques rochers du bas desquels jailliront les eaux qui s'écouleront bientôt en méandres gracieux dans la partie basse des vallonnements.

Près de la rue Saint-Christophe, après avoir quitté ces premiers rochers qui forment grotte, le petit cours d'eau formé par ces sources sillonne une pelouse ombragée, traverse l'allée de ceinture pour s'épanouir bientôt en une charmante nappe d'eau. A l'autre extrémité, près de l'hôtel de ville, se présente une salle de vue aux contours rustiques, excellent lieu de repos d'où l'on peut jouir du paysage et écouter les murmures naissants des ondes. De ce point, les eaux s'écoulent en suivant la direction générale de l'allée principale et viennent se mêler à la rivière près de la promenade du Mail. Leur parcours, que trace la partie basse, comme si elles y avaient tout naturellement creusé leur lit, est sillonné de ponts, de cascatelles, de rochers et des plantations les plus variées qui en font des scènes remarquables dont le promeneur jouit facilement par l'heureuse disposition des allées.

Mais revenons à la partie que nous avons laissée non loin de la rue Saint-Christophe, à cette première nappe où se reflètent les formes les plus variées des conifères qui ombragent le promeneur et laissent pénétrer les vues de toutes parts; suivons son cours sinueux et varié, çà et là quelques plantes garnissent un rocher contre lequel les eaux se brisent, pour se rejeter du côté opposé et prendre dans ce sol moins résistant la place que la dureté du roc lui refuse. Plus loin, la longueur de son cours est contrariée par le passage d'une allée agrémentée de quelques rochers formant barrage et chute; enfin, de nouveau favorisée par un vallonnement aux pentes peu sensibles, une douce nappe apparaît pour devenir plus loin un simple ruisseau, contourner harmonieusement tous les obstacles, et passer sous un pont grandiose avec ses rochers et ses plantes de toutes les espèces. Nous sommes à la partie principale où les eaux, plus que partout ailleurs, doivent illuminer le paysage en accentuant le pittoresque. Après la vue, les scènes aquatiques bien traitées, où les eaux semblent s'être rassemblées naturellement, constituent l'une des principales ressources du paysagiste. En présence des différences de niveau et de la dureté du sol de cette partie, le cours d'eau se sépare en deux petits bras dont un, sur la gauche, contourne le monticule où bientôt nous verrons le belvédère, passe sous un pont permettant la communication dans l'île, et vient former un petit lac en face de l'une des entrées principales, non loin du jardin botanique. Là, les plantations les plus variées, en combinant heureusement les feuillages, ajouteront leur impression au pittoresque de cette scène aquatique, où les plus belles plantes étaleront en toutes saisons leur admirable et bizarre végétation. Ce lac, qui se résume par un cours d'eau que deux ponts traversent, communique bientôt au lac principal, celui des patineurs, qui offrira toujours une délicieuse fraîcheur. Si nous revenons à la première division, nous la verrons se partager en deux et contourner une butte assez solide où le kiosque pour la musique s'élève dans les meilleures conditions possibles. De chaque côté de cette île, d'une communication facile avec le parc et le belvédère, le cours d'eau, assez large pour former plusieurs petits lacs, sera la joie des enfants, en un mot, un vrai petit paradis où les jeunes amateurs de bateaux pourront faire naviguer leurs petites embarcations, à côté d'eux, les amis des poissons et des oiseaux aquatiques feront manger les carpes, les canards et les cygnes.

Le lac des patineurs, qui reçoit toutes les eaux, peut offrir une distraction hygiénique pendant l'hiver, lorsque l'épaisseur de la glace autorise le patinage, de plus en plus en vogue.

Pendant l'été, un embarcadère bien aménagé met à la disposition des amateurs de promenades nautiques de petites barques doucement balancées par les eaux, tout en bénéficiant des mélodies que fait entendre l'orchestre voisin.

En quittant le lac des patineurs, le petit cours d'eau coule pour ainsi dire le long de l'allée de ceinture, passe sous un pont de fer et sous des rochers, arrive à la troisième partie du parc, et donne naissance à un nouveau lac que contourne un petit sentier où aboutissent les vues de divers endroits.

LE LAC DES PATINEURS
(Parc public de Soissons)

Les plantes aquatiques et le traitement des bords, au point de vue de la décoration rustique, joueront ici comme partout leur rôle séduisant et feront de cette scène un des principaux attraits de la promenade.

Enfin, après avoir serpenté à travers les pelouses et les allées, toujours sous l'heureuse impression d'une installation rationnelle et bien étudiée, les eaux viennent tomber en cascade au milieu de quelques rochers et disparaissent sous l'aqueduc pour rejoindre la rivière.

LES PLANTATIONS

Les plantations ayant été traitées plus haut dans leur ensemble, nous n'y reviendrons pas, et nous nous contenterons d'indiquer leur emploi dans le parc public de Soissons. Les massifs compacts enveloppent les carrefours et accentuent les scènes; la diversité du port et la variété du coloris des essences employées variant à l'infini permettent d'obtenir de très belles compositions toujours variées.

Leur arrangement est tel que les végétaux se font réciproquement valoir et que leur groupement se prête à d'heureux contrastes. Employées comme fond, les masses mettent en relief les premiers plans, tout en masquant les défectuosités du paysage; mais il faut savoir se limiter, surtout dans une création de ce genre, où la multiplication des masses tourmente la perspective en privant les promeneurs d'une somme d'air et de lumière. Il n'en est pas de même des groupes et des isolés qui agrémentent le paysage, guident les vues, les encadrent, cachent les carrefours de moindre importance, et déversent une ombre bienfaisante tout en laissant l'air et la lumière circuler librement.

Le savant mariage des couleurs dans le groupement des végétaux isolés facilite des effets de contrastes fort remarquables qui rompent heureusement la monotonie des masses auxquelles ils servent de repoussoir.

La combinaison des mélanges, la transition et les contrastes se composent pour ainsi dire de la même façon qu'un artiste de talent compose un beau paysage, mais l'harmonie des tons donnée par la nature, dont les ressources sont inépuisables, l'emportera toujours sur la richesse des tons de la palette.

Dans le choix et la distribution des isoles, rien ne doit être négligé pour en faire une plantation de luxe d'un goût raffiné. Un isolé est agréable et se fait valoir par la place qu'il occupe, par son port, par son coloris et par son ombrage; en un mot, il doit produire le plus bel effet que l'on peut attendre de lui et de son heureuse combinaison avec ce qui l'entoure; tels sont : les Abies concolor, violacea, excelsa, Nordmanniana, orientalis, Pinsapo, etc. Biota orientalis, filifera, variegata, Cedrus Atlantica, Deodara, Libani, Juniperus variés, Pinus Laricio, excelsa, sylvestris, Cupressus variés, Thuyopsis et Wellingtonia gigantea qui, artistement disséminés çà et là sur les pelouses sont d'un contraste admirable.

Par contre les Larix Europea, les Pinus strobus, les Taxodium distichum, etc, sont du plus heureux effet sur le bord des eaux, surtout si quelques bouleaux à la fine et blanche ramure viennent éveiller ces masses. Ajoutons aux conifères de choix pour isoler quelques-unes de nos plus belles essences forestières et nous aurons atteint le but désiré, puisque notre plantation joindra la beauté à la rusticité, et qu'elle sera par conséquent heureusement appropriée au climat de cette région. Parmi ces essences, citons les érables, les aulnes, les bouleaux, les catalpas, les hêtres variés, les Gledidschia triacanthos, Bujoti, les Paulownia imperialis, les platanes, les tilleuls, les ormes, les acacias, les marronniers, etc., etc.

Les masses formées uniquement de plantes indigènes où dominent les arbustes à feuillage persistant, offrent en hiver comme en été une éternelle verdure; telles sont les lauriers, les troënes, les fusains, les aucubas, les buis, les osmanthus, les alaternes, les viburnums, etc, auxquels on marie quelques plantes à feuilles caduques pour animer la scène par la grande variété du coloris de leurs fleurs et de leurs fruits : ce sont des lilas, des Ribes, des Weigelia, des spirées, etc., etc.

Parmi les grands arbres que nous venons de présenter, nous placerons les plus beaux spécimens à proximité des lieux les plus fréquentés, de telle façon que l'on puisse jouir de toute la beauté de leur port et de leur coloris, ce sont les tilleuls, les marronniers, les Gleditschia triacanthos, les Paulownia, les conifères et, plus loin, les couleurs et les formes sont employées avec moins de précaution, de manière à marier le paysage artificiel au paysage naturel.

Enfin, au fur et à mesure que l'on s'approchera de la limite, les masses s'accentueront pour donner à l'ensemble le caractère le plus imposant.

Indépendamment des massifs et des arbres isolés, les arbustes de choix et les plantes vivaces joueront un rôle très marqué dans la décoration des pelouses où elles rompent la monotonie, comme transition, sur le bord des massifs et sur le bord des eaux où elles viendront en quelque sorte agrémenter et décorer toutes les scènes; ce sont les Ceanothus azureus, grandiflorus, des espèces variées de Cotoneaster de l'Himalaya, des Elœagnus reflexa et angustifolia, diverses espèces de Cratœgus, des Cydonia japonica, des Viburnum, des Forsythia suspensa et viridissima, des Acer negundo, des tamarix, des saules variés, des spirées variées, des pivoines en arbres et herbacées, des buis, des Evonymus, des Ilex, des Laurus, des Ligustrum, des yuccas, des rhododendrons, etc., etc., les plantes vivaces, telles que les aconits, les iris, les fougères asplenium, adiantum, nigrum, osmunda regalis, Polypodium vulgare, Scolopendrium officinale, Polystichum Filix-mas, qui orneront les rochers avec les arbustes ci-dessus comme les Hypericum calycinum, avec les anémones et les pervenches garniront les sous bois.

Enfin, les plantes aquatiques telles que les Nymphœa, les nénuphars, le Caltha palustris, les iris pseudo-acorus, les Typha, feront le charme des lacs. D'autres, les Lonicera, les jasmins, les Akebia quinata, les Aristolochia, les Bégonia, les vignes vierges et autres plantes grimpantes garniront le tronc des vieux arbres. Les murs que nous conservons seront en partie masqués par des lierres, et les plantes des massifs seront employées à garnir l'extérieur.

L'usage des plantes grimpantes se généralise tous les jours. Dans les parcs et les jardins publics, c'est une des ressources de l'ornementation dont on obtient les plus heureux effets. Pour terminer ce qui concerne les plantations, ajoutons que la décoration florale vient mêler sa riante tonalité à l'impression générale et produit un effet des plus séduisants.

JARDIN BOTANIQUE

Le jardin botanique, placé près de l'une des entrées du parc, est appelé à rendre de grands services pour l'acclimatation des végétaux et l'élevage des plantes nécessitées par le parc. A cet effet, des serres et des

LE JARDIN BOTANIQUE
(Parc public de Soissons)

carrés de châssis ont été prévus dans le projet, de façon à rendre cette disposition aussi avantageuse que possible; ce sera, en outre, un lieu d'études et de promenade fort intéressant.

UNE PROMENADE

Après avoir examiné successivement chacune des parties appelées à coopérer à l'embellissement du parc de Soissons, supposons l'œuvre terminée et rendons-nous compte rapidement des principaux attraits de la promenade.

Si nous arrivons devant l'entrée du parc, située sur le prolongement de

L'ENTRÉE

(Parc public de Soissons)

la rue Saint-Christophe, nous arrivons par un demi-rond-point assez vaste pour permettre la libre circulation des voitures; une grille à double entrée a été ménagée dans ce but. De ce point, une vue admirable, agrémentée au premier plan, découvre le mouvement général des eaux où se succèdent les rochers, les cascatelles et les ponceaux jusqu'au pont de pierres, imposante construction qui sert de passage à un boulevard.

Immédiatement à gauche, une maison de garde se silhouette agréablement à travers les plantations et forme une première scène très intéressante. Prenant à droite l'allée de ceinture, nous arrivons bientôt à la source à laquelle un petit sentier mène tout naturellement ; là, quelques rochers appuyés par le rehaussement du sol sont en partie garnis par des plantes et des arbustes saxicoles du plus heureux effet ; le passage, ménagé au-dessus des masses d'où s'échappe le doux murmure des ondes, est pitto-

LA SOURCE
(Parc public de Soissons)

resque et ravissant par ses vues habilement dirigées sur les eaux et sur le charmant paysage de cette partie.

En quittant la source, nous reprenons l'allée de ceinture d'où un sentier, traversant le cours d'eau à l'aide d'un ponceau rustique, nous conduit au temple ; de ce sommet, bordé d'un côté par des rocailles, le spectateur peut jouir d'un splendide panorama : à droite, l'entrée principale ; en face, la vallée, la tranquille nappe d'eau, et plus loin la source ; à gauche, le pont de roches qui sert de passage à un boulevard ; du côté extérieur, la perspective du grand boulevard, situé près du nouveau quartier, se déroule dans toute sa beauté, et complète heureusement le charme de cet éden agréable à tous.

La partie basse, sillonnée par les eaux, sous l'heureuse impression de la savante décoration des bords, offre toujours de nouveaux attraits et de nouvelles surprises. En face de la source, un passage sous bois communique à une salle d'ombrage et de repos qui jouit d'un joli paysage, grâce à une percée aux limites les plus variées.

LE BELVÉDÈRE
(Parc public de Soissons)

En poursuivant notre promenade, nous arrivons bientôt au pont de roches, dont les plantes les plus belles et les plus variées font une masse imposante du plus bel effet pittoresque. A peine sous cette voûte, aux parois abruptes, apparaît, comme dans un cadre rustique, la partie principale où les eaux, les rochers, les ponts, le belvédère, le pavillon de musique avec les plantations, les gazons et les fleurs harmonieusement mariées se présentent tour à tour et donnent à cette scène les aspects les plus variés, où la délicatesse s'allie au pittoresque et à la grandeur.

Bientôt, à droite, se rencontre la salle du jeu de balles, d'accès facile, et garnie de grands arbres qui déversent aux joueurs leur ombrage protecteur. A gauche, une allée secondaire conduit dans l'île en passant sur un pont très décoratif; alors se détache, au milieu des grands arbres, l'élégante architecture du pavillon de musique qui contraste harmonieusement avec ces masses. Une vaste partie sablée, sous la protection des hautes plantations, rendra la circulation agréable aux amateurs de musique. On peut prendre différentes directions : traverser le petit lac opposé et rejoindre l'allée de ceinture, ou s'élever au belvédère, rien n'est plus facile, et le parcours des allées ou sentiers ombragés, aux vues les plus variées, tient toujours le promeneur en éveil.

Du belvédère, on domine tout le parc, et l'on peut contempler à l'aise toutes ses beautés, les lacs avec leurs légères embarcations et leur coquet embarcadère, le pavillon de musique, les ponts de rochers et de plus une partie de la ville; de l'autre côté, le jardin botanique et la souriante perspective du boulevard qui aboutit à l'une des entrées et limite cette partie scientifique.

Si nous revenons auprès du lac, une scène nous frappe par sa disposition et ses heureux contrastes; au bord de l'île où est le pavillon de musique, quelques groupes de cyprès chauves, des tamarix, auxquels s'ajoutent quelques bouleaux blancs, des hêtres pourpres et des saules pleureurs feront avec les eaux qui les reflètent le rendez-vous préféré du parc, au milieu des oiseaux aquatiques et des promeneurs nautiques.

Pour compléter cette partie, citons quelques ponts en bois rustique où s'étale à l'envi la luxuriante végétation des plantes variées qui font les frais de la décoration.

En passant sous les ponts de rochers, nous sommes dans la troisième partie; à droite nous rencontrons quelques salles de repos, de vues et d'ombrages ; on suit le cours d'eau, on contourne le lac où les plantes aquatiques, dans leur développement bizarre, jointes aux corbeilles de fleurs et aux grands arbres, offrent les aspects les plus variés en séduisant l'amateur.

Dans la partie comprise entre la rivière de l'Aisne et la Ville, le promeneur peut y arriver facilement près de l'Hôtel de Ville d'où part l'allée principale et par le boulevard qui suit la rivière. En entrant près du demi-rond-point ménagé près du jardin de l'Hôtel de Ville, à sa gauche se présente une source avec salle rustique, dont les rochers garnis de fougères, Cratægus,

Cotoneaster, lierres, Evonymus repens, Rubus, etc., produiront un bel effet. En contournant les eaux, l'allée principale va rejoindre la troisième partie en se reliant à un vaste rond-point servant de dégagement ; sur son parcours, des vues toujours intéressantes, des bancs de repos et un kiosque-abri auquel on arrive de toutes parts ; son élévation domine le paysage et permet d'admirer tous les points curieux du voisinage et les bords de l'Aisne que les plantations encadrent agréablement de verdure et de fleurs.

LE PAVILLON DE MUSIQUE
(Parc public de Soissons)

Près le pont du Mail, s'opère la sortie des eaux en aqueduc, où quelques rochers jetés au milieu des pelouses et de quelques plantes seront du plus naturel et du plus imposant effet.

Chacune des parties, comme nous venons de le voir, offre ses agréments et se relie pratiquement et harmonieusement aux autres qui communiquent à la ville et aux boulevards extérieurs dans les meilleures conditions possibles, tout en offrant, malgré la difficulté de l'exécution, un merveilleux ensemble.

QUESTION FINANCIÈRE

Envisageons très sérieusement, pour terminer, la création de ce parc au point de vue financier en comparant les frais qu'il nécessitera pour son établissement et son entretien, avec les bénéfices qu'on est en droit d'en attendre. Disons tout d'abord, c'est à considérer, que le terrain offre grandement la quantité de terre nécessaire aux remblais pour la formation du parc.

D'un côté, les parapets situés sur les bastions et les terres provenant du creusement des pièces d'eau nous serviront à la mise en forme des avenues, des pelouses et des massifs bombés. Du côté du mur, un grand déblai sera effectué pour ne laisser au-dessus du sol qu'une hauteur d'environ 3m50 de clôture.

Une grande partie de ce déblai sera utilisée à rehausser le niveau de l'allée de ceinture. Les déblais les plus considérables porteront sur le boulevard extérieur à la ville et sur le creusement des lacs. L'empierrement des boulevards et des avenues constituera la plus grande dépense ; disons tout de suite que cette dépense sera sensiblement atténuée par l'emploi des pierres trouvées dans les remblais.

Les ponts et les ponceaux en maçonnerie seront rocaillés extérieurement; ceux établis sur les allées carrossables demanderont nécessairement une plus grande solidité, mais ils n'exigeront, malgré cela, qu'une maçonnerie brute, leurs abords étant cachés par des rochers et des plantations.

Si nous ajoutons à cela la transformation de l'ouvrage avancé, dont une bonne partie de la maçonnerie sera conservée et seulement rendue moins uniforme, nous aurons cité les travaux les plus dispendieux.

Une grande simplicité de formes diminuera sensiblement les dépenses nécessitées par ces travaux, tout en n'enlevant rien à l'effet paysager cherché. Les constructions rustiques seront traitées de la même manière; nous n'aurons pas là des kiosques d'une élégance coûteuse, des ponts de bois travaillé, cela cadrerait mal avec le caractère pittoresque du parc. Quelques pierres artistement jetées, et consolidées par de légères fondations, formeront la carcasse des ponts rustiques ; les constructions simples seront de même peu coûteuses.

D'un autre côté, quoique la surface plantée soit très grande, les plantations nécessiteront peu de frais ; le choix en sera fait dans les essences forestières et rustiques, sans rien enlever au pittoresque. Au lieu de planter des arbres venus, nous sacrifierons quelques années en les remplaçant, pour la plantation des massifs, par de bons plants qui, dans un sol travaillé comme celui-là, seront vite en état de donner de l'ombrage. Les arbres groupés et isolés seront un peu plus forts.

La Ville pourrait, d'ailleurs, consacrer quelques-uns de ces terrains à l'établissement d'une pépinière, en vue de la création de son parc ; elle réaliserait ainsi une véritable économie et utiliserait les terrains qu'elle n'aura pas encore vendus.

Le parc, comme nous l'avons vu, étant essentiellement paysager, les gazons seront composés de graminées propres à donner un excellent foin qui, vendu chaque année par adjudication, couvrirait facilement les frais d'entretien.

Cet entretien ne portera guère que sur les allées, les remplacements des arbres et l'élevage des plantes destinées à la décoration estivale et automnale ; quelques hommes peuvent suffire à cette besogne.

Quant à la clôture du parc, elle sera faite en partie, comme nous l'avons dit plus haut, en laissant au mur une hauteur de 3^{m}50 environ, et les propriétaires limitrophes s'entoureront de l'autre côté ; l'emploi des grilles deviendrait donc très restreint.

Quant aux avantages pécuniaires que la Ville peut retirer de la création du parc, quelques chiffres suffiront à les démontrer d'une manière incontestable. Si l'on exécutait là le travail entrepris dans les autres fortifications, il faudrait faire au moins 500,000 mètres cubes de remblai, soit 500.000 fr. ; il faut ajouter à cela la démolition du mur, dont les matériaux seront vendus à trop bas prix pour atténuer la dépense, comme cela s'est produit dans les travaux précédemment exécutés.

Il faut compter en plus l'établissement des voies de communication et se rendre bien compte du peu de valeur des terrains à bâtir, étant donné le peu de solidité des fondations sur un terrain remblayé, malgré les dépenses quelquefois supérieures à celles de la construction elle-même. Pour 200.000 francs, on peut établir un parc de 32 hectares et vendre 28 hectares de terrain qui, en se basant sur une moyenne de 5 francs le mètre, rapporteraient un million quatre cent mille francs.

Le terrain remblayé ne produirait certes pas la moitié, et les dépenses seraient beaucoup plus grandes.

Dans le cas où la ville de Soissons ne voudrait pas entreprendre cette spéculation profitable à tous, pourquoi ne s'adresserait-elle pas à une société financière qui se chargerait, après conventions établies, de la création du parc et de la vente des terrains.

Ce serait une opération dans le genre du Parc Monceau, dont nous avons parlé plus haut, où le banquier Pereire exécuta les travaux sous la direction des Ingénieurs de la Ville. Cette combinaison eut pour résultat de doter Paris d'une admirable promenade, et les terrains qui valaient de 2 à 6 francs le mètre se vendent aujourd'hui de 4 à 500 francs.

C'est à considérer et, sans vouloir établir de parallèle entre le Parc Monceau et le Parc de Soissons, nous avons la certitude que le projet bien étudié que nous soumettons à la Ville donnerait les résultats les plus satisfaisants.

Notre étude est terminée et notre tâche est remplie ; nous livrons avec confiance notre travail à l'approbation des hygiénistes et des amateurs de jardins, heureux de pouvoir les intéresser, s'ils partagent notre manière de voir.

Le but que nous poursuivons, notre constante préoccupation est de généraliser le goût des jardins, qui comptent aujourd'hui tant d'admirateurs passionnés. Notre meilleure récompense sera d'avoir fait partager nos idées à tous les partisans du projet. Ce serait la réalisation d'une œuvre véritablement humanitaire et philanthropique qui s'impose aux villes de progrès.

TABLE DES MATIÈRES

TABLE DES MATIÈRES

AVANT-PROPOS

PREMIÈRE PARTIE

DEUXIÈME PARTIE

TROISIÈME PARTIE

PARIS. — IMPRIMERIE ALCAN-LÉVY, 24, RUE CHAUCHAT.

www.ingramcontent.com/pod-product-compliance
Ingram Content Group UK Ltd.
Pitfield, Milton Keynes, MK11 3LW, UK
UKHW022029170726
13837UKWH00001B/481

9 782329 444314